4차산업 시대의 생존코드

빼기의 법칙

4차산업 시대의
생존코드

빼기의 법칙

오정욱 지음

"한국 학생들은 미래에 필요하지 않을 지식과 존재하지 않을 직업을 위해 하루 10시간 이상을 소모하고 있다."

얼마 전 타계한 세계적인 미래학자 엘빈 토플러가 했던 말이다.

우리는 정보의 홍수 속에서 불필요한 곳에 너무 많은 힘을 소모하며 살고 있다. 과도한 경쟁을 부추기는 전반적인 사회 시스템에서 첫 단추가 잘못 끼워져 있으니, 한시도 가만히 있지 못한다. 무언가를 하고, 만들고, 쫓고, 얻고, 늘리고, 쌓아가지 않으면 뒤쳐진다는 강박증이다. 물론 무언가를 얻기 위해 추구하는 노력은 중요하다. 다만, 그 양이 문제다.

"모든 것은 독이며 독이 없는 것은 존재하지 않는다. 다만 용량이 결정한다."

중세시대 연금술사이자 의학자인 파라켈수스의 말이다. 미국 오바마 대통령은 회색과 파랑색 단 2가지 색상의 양복만 즐겨 입는 것으로 유명하다. 선택 고민을 줄이기 위함이다.

이 책은 가운데 구멍이 뚫린 '도넛'에서 아이디어를 찾아내 그것을 우리의 삶에 투영시켜 본 것으로, 그동안 우리의 일상을 지배했던 너무도 익숙한 습관과 사고思考 방식을 깨는 통찰적 지혜를 담았다. 사회생활에서 필히 수반되는 인간관계를 비롯하여 일상생활의 작은 아이디어에서 비즈니스에 적용되는 빅 아이디어에 이르기까지 응용 분야가 무궁무진하다. 삶을 대하는 태도와 방식, 그리고 세상을 해석하고 통찰하는 도구로서도 작용할 수 있다.

기존에 해보지 않았던 '관점'은 다른 '해석'을 낳고, 이 '다른 관점'은 '다른 결과'를 이끌어낸다. 지금까지의 'Plus식' 삶의 태도와 방향은 잊도록 하자. 불필요한 것들을 하지 않는 것만으로도 혁신을 이룰 수 있다.

이 책이 제시하는 핵심 사상은 간단하다. 알맹이가 없을수록 중언부언 설명이 길어지는 법이다. 간단하고 명확해야 실천도 용이하다. 이 책이 여러분들에게 그 길을 안내해 줄 것이다.

차례

Chapter 03
버리지 않으면 버려진다

Chapter 04
빈 공간이 에너지를 만든다

Chapter 05

빼기로 바뀌는 삶

Chapter 06

가벼워야 날 수 있다

Chapter 01

반전의 계기

원리를 모르면 카피하고 따라 하기에 급급해져 성장에 반드시 한계가 온다. 첨단과학이 발달한 선진국일수록 기초 학문인 물리와 수학을 중요시 한다. 이 세상 그 어떤 것도 기본을 이해하지 못하고 성장과 발전을 이루어 온 것은 없다. 잠시 발전하는 것처럼 보이는 허상의 끝은 하락 반전에 따른 쇠퇴이다. 우리가 아직 퍼스트 무버First Mover가 되지 못하고 패스트 팔로워Fast Follower에서 벗어나지 못하는 이유 중 하나는 먼저 스스로 생각하고 깨우치는 시간 없이 답부터 들여다보기 때문이다.

모든 응용은 확고하게 다져진 기초로부터 나온다. 아이디어 창출의 원리도 이와 같다. 아무리 아이디어 제품을 보고 듣고 공부해도 숨겨진 원리가 무언지 모르면 단지 비슷한 걸 베끼는 수준에 머물 뿐 그 이상을 뛰어넘기는 어렵다.

산식의 가장 기본을 이루는 연산자는 더하기와 빼기다. 곱하기와 빼기는 더하기에서 파생되었다. 3×5는 3을 다섯 번 더한 것(3+3+3+3+3=15)이고, 30÷5는 30을 균등하게 5등분으로 나눌 수 있는 수인 6이다. (30=6+6+6+6+6)

'더하기'라는 기초 개념이 성립이 되어야 '곱하기' '나누기'가 가능해진다. 더하기를 모르고 곱하기를 알 순 없다. 학문은 기초에서 응용으로 나아가는 순서와 방향이 있다. 이걸 무시하고 건너뛰면 반드시 한계점에 봉착하게 된다. 인문학과 철학을 모르더라도 당장 경제생활을 하거나 직업을 구하는 데는 별 지장이 없다. 하지만 생각하는 힘을 길러주고 세상을 통찰하는 원리를 깨우쳐 줄 수 있는 기초 학문을 공부하지 않으면 정착화된 고단한 삶에서 벗어나 새로운 변화를 맞는 생의 반전을 기대하기 어렵다.

두뇌에 연산 개념이 정립되는 순서는 먼저 더하기의 개념이 성립되고 나서 빼기가 가능해진다. 빼기부터 배우는 경우는 없다. 신생아가 세상 밖으로 나올 때 두 주먹을 굳게 쥐는 것은 두 손이 비었기 때문이다. 인간은 이 빈 손에 무언가를 쥐기 위해서 열심히 '더하기'를 하며 살아간다. 하지만 어느 순간부터 인간은 불균형한 삶을 살게 되는데 이것은 과잉이나 부족함 중 어느 한 쪽으로 치우쳤기 때문이다.

그동안 플러스의 익숙한 삶을 살아왔다면, 이제부터는 마이너스의 삶을 통해서 균형을 되찾아야 한다. 생각의 대전환이 필요하다. 지금껏 가던 길을 계속해서 꾸준히 가는 것이 중요한 것이 아니라, 잠시 멈추어 서서 지금 가고 있는 길의 방향이 맞는지부터 되짚어 봐야 한다.

그동안 쉼표 없는, 마침표가 연속된 삶을 살아왔다면 쉼표를 군데군데 심어 놓고, 때로는 마침표 대신 느낌표를 던져 보라.

그리고 무작정 나아가는 것을 멈추고 지나온 삶과 앞으로의 삶을 되돌아보고 상상해보라. 사고思考 체계가 열려야 새로운 기회가 눈에 들어오고 기존에 평범하게 보였던 일상이 특별하게 다가올 수 있다.

도넛의 유래

빵집에 가면 다양한 빵의 종류에 놀란다. 마늘빵, 우유식빵, 단 팥빵, 고로케, 소보르, 바게트 등 저마다 풍미가 다른 빵들을 고르는 재미도 쏠쏠하다. 이름을 잘 모르는 빵도 많다. 그런데 유일하게 잊 어버릴 수 없는 빵이 있으니 그 이름은 '도넛'. 일단 생긴 모양 자체 만으로도 아이덴티티Identity가 있다. 도넛은 숨기려고 해야 숨길 수 없 는 존재감이 있다. 일반 여느 빵들과 쉽게 구별된다.

그런데 우리가 주변에서 쉽게 구할 수 있는 이 작은 빵 하나에도 세상을 통찰하는 놀라운 아이디어가 담겨 있다면 과장일까? 약 170 년의 역사를 간직한 도넛은 앞으로도 수백, 수천 년간 인류가 생존 하는 한 사라지지 않을 가능성이 크다. 그 이유는 맛도 맛이지만, 다 른 빵들과 유별나게 다른 '차별성'이 있기 때문이다.

도넛이 원래부터 지금과 같은 모양은 아니었다. 처음엔 동그란 구멍이 없는 평범한 모양이었다. 나중에야 구멍이 뚫렸다. 바로 이 점이 키포인트. 이 순서를 잘 보라. 동그란 빵에서 시작해 가운데 구 멍이 뚫린 빵으로 진화한 점. 먼저 채워지고 나서 그 다음으로 이 채 워진 것의 일부 또는 전부가 비워지는 순서다. 창조란 없는 것이 뚝

딱 새로 생기는 것이 아니라, 기존에 이미 존재하는 것으로부터 나온다. 창의적 아이디어는 무언가를 더하거나 덧붙임으로써 나올 수 있다. 대개 여기까지는 다들 잘 안다. 하지만 그 반대로 무언가를 덜어내거나 빼는 데서도 창의성이 나올 수 있다는 걸 알고 있는 사람은 많지 않다. 우리의 뇌가 빼는 것보다 더하는 데 익숙해져 있기 때문이다.

남들과 차별화된 아이디어를 원한다면 '더하기'에 익숙해진 삶에서 '빼는 사고思考 방식'으로의 대전환이 필요하다. 도넛의 탄생 원리는 무언가를 덜어내고 없애고 줄이고 버리고 빼거나, 이면裏面을 반추反芻하는 삶의 방식 또는 심플한 라이프 스타일의 원리로도 폭넓게 확장될 수 있다.

도넛에는 크게 2가지 핵심 개념이 담겨 있다.

첫째, 마이너스Minus.
둘째, 반反

첫째, '마이너스Minus'는 빼고 줄이고 없애는 생각의 개념을 포괄하는 관점이다. 빼면 더해지고, 줄이면 부담이 덜해지고, 없애면 더 잘 집중할 수 있는 또 다른 효용과 가치가 생겨난다.

둘째, '반反'은 어떤 사고思考나 현상, 아이디어 등의 대상에 대해서 기존의 관념과 상식을 다르게 보는 관점이다. 좁게는 반대, 대립, 대조적인 생각의 관점이고, 넓게는 기존의 관념과 상식을 직선으로 본다면 360도의 다각적인 방향으로 다르게 보는 생각의 관점이다.

도넛을 싫어하는 어린이가 있을까? 어른들도 좋아하는 '도넛

doughnut'의 어원은 밀가루 반죽을 뜻하는 '도우dough'와 잣이나 호두, 땅콩 등의 견과류를 뜻하는 '넛nuts'의 합성에서 나왔다.

던킨 글레이즈드

도넛의 원조는 지금으로부터 약 169년 전인 1847년, 아메리카 신대륙을 항해했던 네덜란드계 미국인 한센 그레고리Hanson Gregory 선장으로부터 유래되었다. 네덜란드 사람들은 평소 빵을 만들다가 남은 반죽을 기름에 튀겨먹는 걸 즐겼는데, 문제는 가장자리가 새까맣게 잘 탄다는 것이었다. 반죽의 가운데 부분보다 가장자리 부분에 열이 집중되어 상대적으로 가운데 부분이 가장자리보다 익는 속도가 늦었기 때문이다. 따라서 어떻게 하면 타지 않고 골고루 잘 익혀 먹을까 생각하다가 잘 익지 않는 가운데 부위에 견과류나 과일을 채우자 가운데와 가장자리의 익는 속도가 비슷해져서 타지 않은 채로 먹을 수 있게 되었다. 한센 선장의 어머니는 평소 이 빵을 아들에게 잘 만들어 주었는데, 한센이 그의 어머니에게 배를 운항하면서 먹기 편하도록 운전대 키(rudder)에 꽂을 수 있도록 구멍을 뚫어 달라고 해서 오늘날 가운데가 뚫린 도넛이 되었다는 설이다.

이 외의 다른 설들도 있지만, 중요한 것은 빵의 한 가운데를 뚫었다는 것이다. 이것은 매우 간단한 것처럼 보이지만, 인류가 바퀴를 발명한 것 이상의 의미가 담겨져 있다. 그 이유는 이 아이디어의 콘셉트가 매우 단순하지만 두루두루 응용할 수 있는 분야가 대단히 크기 때문이다. 이 아이디어의 원리 하나로 당장 주변의 실생활에서부터 크게는 산업의 구조까지 뒤흔들 수도 있다.

아무리 완벽한 것도 반드시 **뺄** 것이 있다. 당장 **뺄** 게 없어도 시간이 지나면 **빼야** 할 때가 온다. 그것을 간과할 경우는 시대 흐름에 뒤쳐지거나 종말을 맞는다.

세상에는 부족한 게 없는 것이 아니다. 부족한 것을 발견하지 못했을 뿐이다.

이 책을 다 읽은 뒤에 앞으로 다른 건 잊어버려도 도넛만은 꼭 기억했으면 한다. 가운데 구멍이 뚫린 도넛을 떠올린다면, 어느 순간 제자리(쉼없이 달리면서 뭔가를 자꾸 덧붙이려는 강박증의 플러스 삶)로 돌아온 당신으로 하여금 우선 하던 일을 잠시 멈추고 지금의 방식에 '물음표'를 던지는 '다른 사람'으로 변하도록 할 것이다. 그 순간 남다른 아이디어를 낼 준비가 되어 있는 라이프 스타일 모드로 자연스럽게 이동할 수 있을 것이다. 빼기의 대명사인 '도넛'이라고 하면 쉽게 가운데 뚫린 구멍을 떠올리는 것처럼, 빵의 역사를 바꾼 도넛의 구멍처럼, 당신이 지금 처해 있는 문제의 그 구멍으로부터 탈출할 수 있을 것이다.

아침에 아이디어가 샘 솟는 이유

아이디어가 잘 떠오르는 특정한 시간이 있을까? 불현듯 떠오르는 아이디어! 왜 하필 유독 잠에서 깨어난 후 얼마 되지 않은 아침에 신선하고 새로운 생각들이 잘 떠오르는 걸까?

그것은 잠과 관련이 있다. 당신은 혹시 전날 잠들기 전에 머리를 싸매며 고민해도 해결책을 찾지 못했던 문제에 대해서 그 다음날 불현듯 번뜩이는 답이 떠오른 적이 있는가? 잠을 자는 동안에도 의식은 쉬지만 무의식은 끊임없이 일을 한다. 잠은 단순히 꿈을 꾸거나, 피곤한 몸과 마음을 쉬게 하는 것 이상의 의미가 있다.

대학 시절 딱 한번 밤을 새며 시험공부를 한 적이 있었다. 다른 일에 정신이 팔려 미처 공부할 절대적인 시간을 확보하지 못해서 결국 밤을 새기로 한 것. 하지만 그 결과는 역효과였다. 정작 시험지를 받아본 순간 머릿속이 하얗게 되더니 뭐 하나 제대로 명확히 정리되지 않았고 공부했던 것이 잘 떠오르지 않았다. 결국 몽롱한 정신 상태, 최악의 컨디션으로 근근이 버티며 어떻게 썼는지도 모르게 답안을 제출했다. 결과가 좋을 리 없었다. 그 뒤로 무슨 일을 하기 위해서 단 한 번도 일부러 밤을 새지는 않았다. 머리가 좋고 나쁨을 '기억력'의 좋고 나쁨으로 가늠하곤 하는데, 그동안 많은 사람들이 기억력을 높일 수 있는 방법을 창안해 왔음에도 대중적으로 널리 인정받는 것은 딱히 없다. 메모를 하거나, 연상법으로 암기력을 높인다든지 기억력에 좋은 음식과 운동 등이 더러 있을 뿐이다.

여기에서, 필자의 간단하고 실용적인 기억력을 높이는 방법을 소개한다. 기억력을 좋게 하려면 많은 시간을 투자해서 외우고 노력하는 게 최선은 아니다. 그보다는 첫째, 기억력에 방해되는 요소들을 줄이고 둘째, 잠을 충분히 자는 것이다.

참 단순하지 않은가? 인간은 오감 중에서 특히, 시각으로부터 절대적인 영향을 받는다. 그래서 불필요한 자극과 노출을 최대한 줄이는 것이 필요하다. 다양한 행동과 많은 생각들로부터 적고 집중적인 행동과 생각으로 전환하도록 한다. 너무 많고 다양한 정보는 혼돈을 일으킨다. 공유경제의 넘치는 정보화 시대에서는 정보를 많이 가지고 있는 것보다 그것들을 선별하고 감별해내는 정제 능력이 더 중요하다.

중요하지 않은 것이 중요한 것들을 가리지 않도록 가지를 쳐내는 혜안이 필요하다.

기억력을 높이려면 잠이 필수다. 왜 그럴까? 잠을 자는 동안 뇌속에서는 실로 놀라운 일들이 벌어진다. 거기엔 뇌의 과학적인 작동 원리가 숨겨져 있다. 뇌는 잠을 자는 동안 상대적으로 자주 쓰이지 않았던 정보를 지우는 작업을 한다. 그래서 잠을 자고 나면 머리가 가벼워진 느낌이 드는 것이다. 비워졌기 때문에 방해받는 것이 줄어들어 더 잘 기억하는 것이다. 전날 뭔가에 대해 신경을 썼다는 것은 오랜 시간 그 무엇에 대해 깊이 생각하고 떠올렸다는 것을 의미한다.

뇌는 잠을 자는 동안 고민하고 깊게 생각했던 것을 중심으로 관계된 것들과 그렇지 않은 것들을 구별해서 정리정돈을 한다.

우리 뇌에는 뉴런이라고 하는 기억의 저장소가 있다. 이 뉴런과 뉴런을 연결하는 통로를 시냅스라고 하고 뉴런과 시냅스가 모이면 하나의 신경회로가 된다. 사람이 잠을 잘 때는 미세 아교세포라는 것이 불필요한 시냅스를 찾아서 제거하는 일을 한다. 그러면 신경 아교세포가 마치 덤프 트럭처럼 미세 아교세포가 제거한 시냅스를 가져다 버리는 일을 한다. 역할 분담이다. 좀 더 구체적으로 살펴보면 이렇다. 뇌의 입장에서 보면, 우리가 평소 자주 또는 잘 사용하지 않는 정보는 자주 또는 잘 사용하는 정보와 구별이 된다. 그 구별은 뉴런과 뉴런을 연결시키는 시냅스에 생기는 단백질로 판가름한다. 이 단백질을 'C1q'라고 하는데, 아교세포는 연결고리가 약한 (=잘 사용하지 않는) 시냅스만 전문적으로 찾아내 없애버린다. 그런데 이 아교세포는 아무 때나 활동하지 않는다. 잠을 푹 잘 때만 활동하는 성질이 있다. 그래서 아무리 잠을 자지 않고 밤새도록 시간을 들여 공부를 해도 머릿속이 정리가 되지 않을 뿐만 아니라 더 복잡해지고 기억이 잘 안 되는 이유가 바로 여기에 있다.

잠을 푹 자게 되면 뇌는 잘 정리가 된다. 새로운 정보를 받아들이고 기억시킬 준비를 하는 셈이다. 인간의 뇌세포가 약 140억 개에 달할 만큼 많다 하더라도 잠을 자는 동안 뇌는 끊임없이 불필요한 정보를 지우고 버리는 일을 계속한다. 그래서 오랜 시간이 지나면 기억나지 않는 일들이 많아지게 된다.

살다 보면 기억나지 않는 게 도움이 될 때도 있다. 인간의 삶이란 희로애락이 늘 상존하기 마련이고, 만약 기억이 망각되지 않는다면 인간은 그로 인한 괴로움과 슬픔에 눌려 지속된 삶을 살기 어려울 것이다.

　우리 뇌는 끊임없이 새로움을 갈구한다. 그러기 위해서 뇌는 먼저 비우고 버리는 일을 한다는 점을 잊지 말자. 무언가 새로운 것을 얻으려면 그 전에 불필요한 것을 버리고 비워둬야 한다는 의미이다. 컵에 물이 가득차면 새로운 물을 담을 수 없는 이치와 같다. 인생도 그러하다. 머릿속에 굳건히 자리를 차지하며 남아 있는 선입견을 비우고 버리지 않으면 아무리 인생을 바꿀 새로운 기회가 와도 지나쳐 버리기 쉽다.

　새출발을 하려거든 먼저 쌓였던 묵은 때를 말끔히 털어버려야 하며, 맛있게 밥을 먹고 영양을 제대로 섭취하기 위해서는 그 전에 먼저 속을 비워야 한다. 새로운 연인을 만나기 위해서는 옛 연인을 마음속에서 지워야 하듯이 새로운 꿈을 꾸기 위해서는 먼저 구식 관념과 행동들을 버려야 한다. 아이디어가 충만한 사람이 되고 싶은가? 그렇다면 먼저 버려야 할 것을 찾아야 한다.

생명 탄생의 마이너스 원리

키가 큰 사람과 작은 사람의 차이는 세포의 크기 때문일까? 아니면 세포 수에서 차이가 나기 때문일까? 흔히 세포의 크기 때문이라고 생각하기 쉽지만, 정답은 세포 수이다. 세포 수가 많을수록 크기가 크고 세포 수가 적을수록 크기는 상대적으로 작다. 재해석하면 사람을 구성하는 가장 기본 단위인 세포 하나하나의 크기는 같고, 단지 그 수가 많고 적음에 따라서 몸집의 크기가 결정된다고 할 수 있다.

보통 새로운 생명이 창조되는 것은 무언가 더해지는 '플러스'의 원리로 생각하기 쉽지만 사실 생명 창조의 원리에는 줄이고 나누는 '마이너스의 원리'가 작용하고 있다. 인간의 '체세포'는 여자든 남자든 똑같이 46개의 염색체를 가지고 있다. 그런데 정자와 난자의 생식세포는 각각 반으로 줄어든 23개의 염색체만을 가진다. 생명의 탄생에는 필연적으로 난자와 정자의 만남이 전제된다. 그런데 만약 남녀가 각각 가지고 있는 46개의 모든 염색체가 서로 만나면 두 배인 92개가 될 것이다. 이들이 또 서로 만나게 되면 184개. 이런 식으로 후손이 계속 대를 잇는다면 염색체 수는 무한정 늘어나 생명을 이어가기 어렵게 된다. 다행히 원래 가지고 있던 염색체의 반으로 분열을 한 후 수정에 의해 결합함으로써 원래의 염색체 수를 변함없이 유지하게 된다. 바로 이 부분이 중요하다. 생명을 창조하기 위해서는 염색체 수를 반으로 줄이는 과정의 '감수분열'을 해야만 한다.

창조하려면 먼저 줄여야 한다. '+'가 되기 위해서 그 전에 '−'를 하는 것이다.

생명이 창조되고 난 후 사람이 성장하는 원리도 이 법칙을 따른다. 앞에서 사람의 크기는 세포 수가 결정한다고 하였는데, 세포는 똑같은 세포가 '짠' 하고 마술처럼 나타나는 것이 아니다. 자가 세포 분열이라는 과정을 통해서 원래의 세포가 반으로 쪼개진 후에 성장하여 자라는 것이다. 처음 세포의 크기가 1이라면 핵을 감싸고 있는 핵막이 복제되어 두 개로 나눠지는데, 이때 원래 1의 크기를 갖는 세포는 0.5의 크기인 두 개 세포로 쪼개진다. 두 개 세포의 크기는 원래보다 반으로 줄어들었지만 그 안에는 온전히 있어야 할 것들(유전체 정보)은 다 있게 된다. 반으로 작아진 독립된 2개의 개체로 된 세포는 이제 성장하는 과정을 거치면서 원래의 크기로 돌아온다. 처음에 자신의 반을 떼어내는 희생을 거쳤지만 시간이 지나면서 원래의 크기로 회복하는 것이다. 세포가 두 배로 성장을 하기 위해서는 온전한 자신을 일정 부분 희생한 다음, 회복하기까지 일정한 시간이 필요한 점이 인간의 삶과 닮은 듯하여 흥미롭다.

정리하자면 세포는 분열→성장→합성→성장→분열의 순으로 계속 순환한다. 세포 성장의 이 5단계에서 제일 먼저 시작하는 단계가 반으로 나누는 이 '분열'이라는 점을 기억하자.

균형적 사고의 틀

맛있는 점심을 배불리 먹으면 포만감에 행복감을 느낀다. 하지만 이 느낌은 영원히 지속되지 않는다. 저녁이 되면 다시 배고픔이라는 불만족한 상황이 된다. 만약 배고픔을 못 느낄 만큼 포만감이 지속되면 먹지 않게 되고 그 결과 일찍 생을 마감할 것이다. 생존을 위해서는 만족감의 소멸(Minus)이 뒤따라야 한다. 성적인 쾌락도 음식을 먹는 쾌락도 지속되는 쾌락은 존재하지 않는다. 부족함은 족함을 낳고 족함은 부족함을 낳는다. 이것이 생존을 유지하는 원리다.

좋았던 경험을 잊어야 다시 좋은 걸 찾게 되고, 슬펐던 기억 또한 잊히기에 삶을 살아갈 수 있다.

'마이너스Minus'를 두려워 할 필요도 애써 피하려 할 필요도 없다. '마이너스'는 인류가 생존하기 위한 유전적 삶의 방식이다. '마이너스'는 그동안 간과해 왔을 뿐 '플러스Plus'와 함께 우리 삶을 이루는 한 방식이다.

삶에 있어서 가장 중요한 것은 '균형감각'이다. 어느 한쪽으로 치우치지 않은 사고의 틀이다. 그러기 위해서는 양면을 모두 보는 습관이 필요하다. 가장 간단한 방식이 관점을 정반대로 보는 것이다. 자연에 존재하는 모든 것들은 '균형'을 이루려는 속성이 있다. 균형을 이루는 요소는 대칭과 대립이다.

'대칭'은 임의로 정한 어느 하나의 점, 선, 면을 기준으로 대상이되는 각각의 객체가 서로 대등한 성질을 가지면서 서로 반대 방향을지향할 때 이루어진다. 나비의 날개는 좌우 두 개로 서로 대칭을 이룬다. 몸통 기준으로 좌우 서로 반대 방향에 위치해 있으면서 같은크기의 같은 물질로 이루어져 있다. 사막의 여우는 좌우에 하나씩같은 기능을 하는 눈, 귀, 다리가 있다. 코는 하나지만 정중앙에 위치해서 균형을 이룬다. 그런데 사람의 심장은 약간 왼쪽으로 치우쳐 있다. 위치상으로는 불균형을 이루지만, 신체기능까지 불균형을 이루는 것은 아니다. 외형이 균형을 이루고 있더라도 내면은 불균형적일 수 있고, 외형은 불균형적이지만 내면은 균형적일 수 있는이치와 같다.

균형을 이루는 또 하나의 형태는 '대립'이다. 언뜻 서로 경쟁하고어느 한쪽에 종속되거나 흡수되지 않는 팽팽한 존립을 떠올리는 이'대립'이 어떻게 균형을 이룬다고 할 수 있을까, 하고 반문할 수 있겠지만 대립을 구성하는 전체의 틀을 보면 왜 그런지 알 수 있다. '대립'은 대칭과 유사하지만 한 가지 다른 속성이 있다. 대칭은 그 객체의 성질이 유사한 반면, 대립은 성질이 다르다는 데 있다. 전자電子를 받아들이기 쉬운 성질을 알칼리성이라 하고 반대로 전자를 주기쉬운 성질을 염기성이라고 하는데, 이 각각은 어느 한쪽으로 치우친상태이지만 각각 균등하게 대립을 하고 있으면서 전체적으로는 균형을 이룬다. 엄마 뱃속의 양수는 약 0.85%의 염도로 이루어져 있는데, 우리 몸도 이와 같은 수준으로 항상성을 유지하려는 성질이 있다. 운동을 해서 땀을 배출하면 갈증이 나서 물을 찾게 되지만, 사실은 물과 함께 0.5%의 염도로 구성된 땀에 포함된 소금도 몸 밖으로 빠져 나가 일정량의 염분 섭취가 필요해진 것이다. 반대로 짠 음식을 먹었을 때는 맹물을 자연스럽게 찾게 되는데, 이것은 우리의 몸이 자연스럽게 염도를 맞추려는 '균형'을 추구하기 때문이다.

그렇다면 균형만 좋고 불균형은 나쁜 것일까? 바람이 불지 않는 것은 공기가 안정되어 있기 때문이고 바람이 부는 것은 공기가 불안정하기 때문이다. 만약 대기권이 항상 안정한 상태로 있으면 기압 차이로 발생하는 바람은 불지 않을 것이다. 그렇게 되면 어느 한 지역에서 공기가 오염이 되면 그 지역에 거주하는 생명체는 오래 생존하기 어려워진다. 다행히 대기는 안정과 불안정을 오고 가는 순환을 반복한다. 사람도 마찬가지다. 어떤 일에 익숙해지면 그 일에서 벗어나고 싶지 않은 것이 사람의 심리이다. 힘을 덜 들이고 수월하게 할 수 있기 때문이다.

하지만 안정권에만 머물며 변화를 모색하지 않는 사람은 외부 요인에 의해서 어쩔 수 없이 새로운 환경에 놓이게 될 경우 쉽게 적응하지 못하고 충격과 절망에 빠질 수 있다. 흔히 어느 하나에 골몰해 있는 사람을 칭할 때 "○○에 미쳐 있다."라는 표현을 한다. 이 말을 달리하면 어느 한쪽에 치우쳐 있는 '불균형'의 삶을 살고 있다는 의미이다. 그렇다고 이 '불균형'이 반드시 나쁜 것이라고 할 수 있을까? 대개 전문성이라고 하는 것은 바로 어떤 한 분야에 미칠 때 얻어진다. 몰입과 집중으로 한 분야를 집요하게 팔 때 쉽게 얻을 수 없는 전문성을 가질 수 있다. 어느 한 분야에 미친 불균형적인 삶을 살면서 소기의 성과를 이룰 때 경제적으로는 '균형적'인 삶을 살 수도 있을 것이다. 하지만 어느 한 분야에 정통한 소위 전문가에게는 치명적인 약점도 상존한다. 한 분야에서 남보다 더 많은 시간을 쏟은 만큼 상대적으로 그 분야를 제외한 나머지 분야에 대해서 보통사람보다 더 모를 수 있다는 점이다. 자연은 균형과 불균형을 끊임없이 오고 가지만 궁극적으로는 '균형'을 추구한다. 이 균형이 어그러지기 시작하면 어딘가에 문제가 생긴다.

우리는 대개 한쪽으로 기울어진 저울의 삶을 살고 있다. 그 한쪽은 다름 아닌 '플러스Plus'를 추구하는 삶이다. 학생 신분으로 수십 년 동안 배우는 교육과 더불어, 사회생활에서 겪고 배우는 삶에서 조차 우리는 '플러스Plus' 방식을 강요받거나 '플러스'를 추구하는 삶에 알게 모르게 노출이 된다. 새로운 지식을 습득하고, 새로운 경험을 쌓아간다. 새로운 친구들을 사귀고 새로운 사람들을 만난다. 새집을 사고 새 차를 산다. 늦은 저녁 바로 집에 들어가지 않고 학원에서 자기계발을 하고 또 무언가를 얻기 위해서 시간과 돈을 투자한다. 버스에서나 거리에서나 손바닥에 놓인 작은 스마트폰 속에서도 늘 무언가를 얻으라고 광고를 한다.

"대출을 받아 집을 사세요."

"5천만 원만 투자하면 멋진 휴양지의 콘도가 당신의 소유가 됩니다."

"신상이 나왔습니다. 할인쿠폰으로 저렴하게 구매하세요."

"당신이 반드시 알아야 할 ○○가지"

"30대가 반드시 알아야 할 재테크 ○○가지"

초등학교 6년, 중학교 3년, 고등학교 3년, 일반 대학교 4년 도합 16년을 배우고도 모자라서, 늘 무언가 배우고 익히고 얻고자 없는 시간도 쪼개서 밤낮을 밝힌다. '플러스Plus 삶'의 연속이다. '플러스의 삶'이 나쁘다는 얘기가 아니다. 단지 우리는 그동안 너무 이 '플러스적인 삶'에 치우쳐왔기 때문에 그 흐트러진 삶의 균형을 맞추기 위해서 '마이너스의 삶'이 필요한 것이다. 마이너스 식 사고思考법은 '균형의 삶'을 추구하는 방향이자 과정이며 결과의 결실이기도 하다.

'빼기'는 균형이다. 빼기는 그 자체로 완전한 독립을 이룬다기보다 보완의 개념이다. 이 세상에 어느 영역도 하나로 완전하지는 않다. 융합이 괜히 이뤄지는 게 아니다. 음과 양이 결합하고 N극과 S극이 결합하듯 서로 성질이 다른 분야가 각자 홀로 설 수 없으니 부족함을 채우려는 시도이다. 레고는 볼록한 부분과 오목한 부분이 서로 합쳐져야 작품이 완성된다. 마이너스는 레고로 말하면 오목한 블록이다.

서로 상이한 조각들이 맞춰질 때 퍼즐이 완성되듯, 우리의 인생도 수많은 조각들로 나뉘어져 있어서 제짝을 찾아가는 과정을 통해서 꿈꾸던 그림이 완성되어 간다.

더하기와 빼기 둘 다 잘하기란 어렵지만, 더하기만 줄곧 해왔거나 빼기만 할 줄 아는 사람은 어쨌거나 뭔가가 부족하긴 마찬가지다. 물론 곱하기 나누기도 잘 하면 더욱 좋겠지만.

우선 빼기부터 확실하게 다져 놓자. 그렇게 되면 평소 더하기에 익숙한 당신은 빼기도 섭렵한 균형 잡힌 감각의 창의적 인재가 될 역량을 갖추게 될 것이다. 세상이 돌아가는 원리가 그렇다. 세상은 극과 극이 동시에 상존한다. 어느 한쪽만이 우뚝 서지 않는다. 음이온과 양이온, 부정과 긍정, 사랑과 이별, 매운 맛이 있는가 하면 싱거운 맛도 있다.

플러스로 치우친 삶을 균형 잡힌 삶으로 되돌릴 수 있는 것은 마이너스다.

인생의 소실점

서양 중세 회화의 원근법에서 중요한 용어인 소실점消失點은 물체의 면에 연장선을 그었을 때 서로 만나는 점을 말한다. '소실점'이라는 단어의 한자를 보면 '꺼질 소消'와 '잃을 실失'로 구성되어 있다. 영어로는 '배니싱 포인트vanishing point', 즉 '사라지는 점'이다.

2차원의 공간에서 물체가 3차원 입체로 보이는 것은 명암뿐만 아니라 전면에서 후면으로 이어지는 두 개의 평행선이 실제로는 만나지 않지만 그림에서는 만나는 것처럼 보이기 때문이다.

창문을 열고 멀리 바라보면 눈앞의 사물보다 거리가 먼 곳일수록 물체의 크기가 작아진다. 건물의 소실점을 상상하면서 이어보면 만나는 지점이 반드시 그 뒤에 위치해 있다. 이 소실점을 인생에 비유해보자.

나의 관점에서 보면 나를 제외한 사물의 세계는 눈에 보이는 것보다 보이지 않는, 즉 소실된 부분이 대부분이다. 반대로 세상이 나를 보는 관점에서 보면, 나 또한 소실된 일부분에 지나지 않을 것이다.

사람은 태어나서 자라는 동안 크고 작은 일들을 벌이지만 결국은

'마이너스'의 방향으로 귀결한다. 나이가 들수록 목소리는 작아지고 머리카락은 빠진다. 멜라닌 색소가 빠지면서 머리카락은 하얗게 샌다. 치아도 하나 둘 빠지면서 틀니에 의존해야 하고, 통통했던 살은 빠지고 몸의 수분도 줄어들며 피부는 메말라간다. 아무리 많은 부와 명예를 쌓았더라도 죽음 앞에서는 그 무엇도 함께 하지 못한다. 생명은 유한하다. 끝이 반드시 있다. 하지만 살면서 우리는 그 끝이 없는 듯이 산다. 사람마다 종착점에 다다르는 시점은 다르겠지만 그 끝의 방향은 뜨겁게 타오르다가 점점 어둡게 꺼져가며 잿빛으로 변해가는 모닥불의 나무처럼 '마이너스'로 흘러간다.

우주 빅뱅이론에 의하면 이 순간에도 우주는 계속해서 빠른 속도로 팽창하고 있다고 한다. 그 증거의 하나가 별을 관찰해보면 별과 별 사이의 거리가 시시각각 멀어진다는 것이다. 물론 태양계를 이루는 지구, 화성, 금성 등 일정한 궤도로 태양 주위를 순환하는 행성 간의 거리는 일정하다. 하지만 우주 전체로 확장하면 우리가 아직 발견하지 못한 무수히 많은 별들이 생명처럼 탄생했다가 소멸하기를 반복한다. 만약 우주가 무한하다면 아무리 빠르고 넓게 팽창한다고 하더라도 말 그대로 그 끝에 다다르지는 않을 것이다. 이것만 봤을 때는 우주는 팽창하며 '플러스' 방향으로 나아가는 것처럼 보인다.

하지만 이렇게 생각할 수도 있지 않을까? 풍선에 바람을 불어 넣으면 팽창하는데, 어느 순간에 다다르면 더 이상 팽창하지 못하고 내부 압력에 못 이겨 터져버리고 만다. 만약에 우주가 풍선과 같다면? 방향이라는 것은 협소하게 단지 외형만을 의미하지 않는다고 할 때, 설사 우주가 팽창하는 게 맞는다고 해도 우주를 구성하고 있는 별의 생명은 언젠가는 끝이 날 것이다. 그런 의미에서 우주의 방향은 외형적으로는 커지고 있으나 생명의 흐름 측면에서는 결국 언젠가는 생을 마감하는 마이너스의 방향을 따르지 않을까? 하나의 나무가 점점 자라는 것을 보고 그 나무가 영원한 생명을 가질 거라 생각하지 않듯이 우주라는 생명체 또한 우리가 상상도 하지 못하는 어마어마한 세월이 흐른 뒤 사라지는 것으로 귀결될지도 모른다. 영원한 생명은 없다는 것이 진리라면.

　세상에는 많은 종교가 있다. 추구하는 사상과 이념, 교리 등은 저마다 차이가 있다. 원시시대에는 종교가 있기 전에 무속신앙이 있었는데, 모두 한결같이 인간의 죽음을 얘기하고 있다. 서양에서 생긴 종교든 동양에서 생긴 종교든 둘 다 사후의 삶을 얘기한다. 죽은 자는 말이 없기에 인간은 상상력을 동원한다. 굳이 종교의 힘을 빌리지 않더라도 인간의 삶이 유한하다는 진리는 누구나 인정하는 사실이다. 삶이 유한하다는 이유는 인류에게 실로 큰 영향을 끼친다. 번식 능력이 발달하게 하고, 생명을 존중하도록 하며, 기록문화를 통해서 후세에게 단절 없이 유의미한 것들을 전하도록 하는 노력에 힘쓰도록 만들었다. 죽음이 존재함으로써 공포와 두려움의 감정을 가질 수 있게 했고, 의학기술을 발전하도록 했으며, 죽기 전에 뭔가 의미 있는 것을 남기고픈 욕구를 낳게 했다. 유한하기에 보존하려는 노력을 기울이고, 유한하기에 절제의 미덕이 필요한 덕목이 되었다. 마이너스는 우주의 큰 방향점이다. 그 안에서 또는 그 밖에서 플러스와 마이너스를 넘나들겠지만 결국은 마이너스의 방향으로 흐를 것이다.

　길게 보면 사람도 점점 에너지를 잃어가며 결국엔 생명을 마감한다. 마이너스는 작은 흐름이기도 하지만 큰 흐름의 방향이기도 하다.

Chapter 02
빼기의 재발견

인류의 역사는 '발명'과 '발견'의 역사다. 바퀴의 발명, 인쇄술의 발명처럼 기술의 발전은 인류 문명의 차원을 바꾸어 놓았다. 아메리카 신대륙의 발견은 오늘날 전 세계 패권을 좌우하는 미국의 탄생을 낳았다. 그런데 여기서 사실 콜럼버스가 아메리카를 '발견'한 것은 그들의 관점일 뿐 객관적으로 보면 아메리카의 '재발견'이라고 할 수 있다. 아메리카 땅은 이미 인디언 원주민이 살고 있는 땅이었다.

우리가 창의성을 어렵게 생각하는 이유는 뭔가를 완전히 새롭게 발견하거나 발명해야 한다는 관념 때문이다. 완전한 무에서 유를 창조하는 건 신의 영역이다. 인간은 신이 창조한 자연과 생명의 산물로부터 숨겨진 가치를 '재발견'하는 데 힘쓰면 된다. 지구가 태양 주위를 돈다는 사실을 재발견하기까지는 1,400여 년을 필요로 했다. 그 전까지는 지구가 온 우주의 중심이었다.

'재발견'을 잘하려면 어떻게 해야 할까?

그 출발점은 먼저 기존에 알고 있거나 아무런 의심 없이 당연하게 생각해왔던 것을 다시 보는 것이다. 그러면 잘 알 거라고 생각했던 것들도 제대로 알지 못했다는 것을 알 수 있고, 미처 몰랐던 사실도 깨우치게 된다. 주변의 모든 것들은 누군가의 재발견에 의해서 다시 태어날 운명을 기다리고 있다.

히로시마는 원폭으로 생명의 불모지가 되었지만, 시간이 흐르면서 가장 먼저 싹을 내민 생명체가 있었다. 흔하디 흔해 아무 쓸모도 없는 줄 알았던 어성초다. 그 후 어성초에게 해독작용과 피부재생 효능이 있다는 사실이 '재발견'되었다.

과거에는 갯벌이라고 하면 질퍽질퍽해서 이동하기도 불편하고 경제적으로도 별 도움이 안 되는 땅이라는 인식이 있었다. 그러다 생명의 가장 중요한 자원인 산소의 생성과 환경오염을 정화시키는 능력이 갯벌에서 나온다는 사실이 새롭게 알려졌다.

이러한 유용한 기능들은 없었다가 갑자기 생긴 것이 아니다. 이미 있었던 것이 뒤늦게 발견된 것이다. '재발견'은 '새로운 시각'으로 봐야만 얻어진다.

새로운 시각은 의심해보는 생각이고, 반대로 보는 생각이며, 각도를 바꿔서 들여다보는 생각이다.

또 하나는 기존의 관점과 생각들을 싹 비우고 아이처럼 순수하게 바라보는 생각이기도 하다. 이 세상은 가치를 볼 줄 아는 자의 것이다. 그것은 재발견에 달렸다. 당신은 가치가 없는 사람이 아니다. 단지 그 가치를 사람들이 알아보지 못할 뿐이다. 우리가 쉽게 지나쳤던 마이너스를 재발견하라. 그 속에 삶의 지혜가 있고, 앞으로 나아가야 할 새로운 방향이 있다.

반反

'반反'은 '반대反對' 방향에서처럼 다른 '방향'의 개념이기도 하고, '반추反芻하다'에서와 같이 되짚어 되돌아보며 숨겨진 다른 의미를 찾는 개념이기도 하다. 이러한 '반反'적인 사고는 반향反響과 반전反轉의 유의미한 결과를 낳는다.

반추反芻의 생각(Rumination Thinking)

어떤 일을 다시 생각하거나 반복해서 의미를 생각해 볼 때를 '반추한다'고 표현한다.

"지난 10년의 시간을 반추해보면, 후회스러운 일도 많았고 즐거웠던 일도 많았다."라고 할 때의 '반추反芻'는 지난 옛일을 돌이켜 생각한다는 의미다. 원래 이 '반추'라는 말은 말이나 소처럼 입으로 삼킨 풀들을 입으로 가져와 다시 삼키는 채식동물의 식성에서 비롯되었다.

한자어 '추芻'는 소나 말이 먹는 '풀'을 뜻한다. 돌이킬 '반反'은 먹었던 풀을 다시 가져오는 행위이다. 이것이 시간이 흐르면서 한번 지나간 일을 다시 꺼내 보는 의미로 확대가 되었다. 재미있는 것은 '반추反芻'의 단어와 '반대反對'의 단어에 공통적으로 '반反'이라는 한자어가 쓰인 점이다. '반反'이라는 글자가 같이 쓰이고 있지만 두 단어의 의미는 전혀 다르다. 반복는 계속 동일한 일을 여러 번 하는 것이고, '반대'는 어떤 생각이나 행동에 동의하지 않거나 생각의 방향을 달리하는 것을 의미한다. 그렇다면 '반反'은 어떤 의미일까? '반추反芻'에 쓰인 의미와 '반대反對'에서 쓰인 서로 다른 두 의미를 모두 포괄하고 있다.

'반추'를 하다 보면, 어떤 생각을 여러 번 다시 떠올리며 생각을 정리해나가는 동안의 과정을 통해서 이전에는 깨닫지 못했거나 미처 생각지 못했던 숨겨진 의미를 새롭게 발견할 수 있다. 숨겨진 그 의미는 이미 알고 있었던 생각과 정반대인 경우도 있다.

이 '반추'를 응용하여 어떤 사상이나 아이디어 또는 원래의 대상에 대해서 '의도적'으로 반대 방향 또는 대립되는 방향으로 다시 바라보라.

이 방식은 창의적인 발상을 만드는 데 상당히 유용하다. 모두가 Yes를 말할 때 No를 외치고, 모두가 No를 외칠 때 Yes를 떠올려 보라. 모두가 당연하다고 생각하는 것을 반대로 당연하지 않다고 보는 것이고, 모두가 쉽게 간과해버리는 것에 반기를 들고 물고 늘어지는 생각이다. 모두가 안 된다고 생각할 때 된다는 생각이고, 모두가 된다고 생각할 때 안 되는 이유가 있을 거라 생각하는 것이다.

심리학자 앨버트 로젠버그의 창의성 실험에 의하면 창의성이 더 높은 그룹이 다른 그룹에 비해 어떤 단어에 대해서 반대어를 떠올리는 비율이 25% 더 높게 나타났다. 이 사실을 어떻게 해석해야 할까?

양쪽 측면을 두루 떠올린다는 건 그만큼 시야가 넓다는 의미인데, 창의적인 사람들은 평소에 어떤 사물이나 관념들을 접할 때 그 반대의 특성이나 개념들을 습관적으로 떠올리기 때문이 아닐까 한다. 그렇다면 다른 측면 또는 반대되는 면을 생각하는 습성을 기른다면 창의성뿐만 아니라 한쪽으로 치우치지 않는 균형적인 사고를 갖출 수 있다. 그것이 생존력을 높일 수 있다.

선택의 다른 말은 버림(선택하지 않음)이고, 소유의 다른 말은 무소유다. 채움의 다른 말은 비움이고, 있음의 다른 말은 없음이다. 서로 반대되는 개념이지만, 보는 관점만 다를 뿐 넓게 보면 같은 맥락이다. 산으로 가기로 한 것은 바다를 가지 않기로 한 것이고, A라는 물건을 소유한 것은 다른 물건을 소유하지 않은 것과 같다. 사과 하나를 먹고 배를 채우면 원래 있던 사과는 비워진 것이고, 내가 서울에 있는 것은 파리에 내가 없는 것이다. 이런 식으로 반대의 면을 생각하는 습관을 길러보자.

스페인의 가톨릭 신학자인 십자가의 성 요한(Saint John of the Cross, 1542~1591)은 당시 내적 외적으로 분쟁과 분열을 겪고 있던 가톨릭 교회가 개혁을 이루도록 하는 데 기여를 한 인물이다. 교황 요한 바오로 2세가 그의 서거 400주년을 기념해 사목교서 '신앙의 스승'(1990.12.14)을 발표하면서 그를 교회의 정통 신학박사이며 신앙의 스승이자 출중한 영성 안내자라고 했을 정도로 명망이 큰 성인으로 인정받고 있다. (**참고문헌 : 가톨릭신문 , 2000. 7. 9 제2208호)

탁월한 시적 감수성까지 겸비한 그가 자신이 체험한 하나님의 사랑을 시적 언어로 표현한 대목을 보면 그의 정신세계가 얼마나 확장되어 있는지 가늠할 수 있다.

모든 것을 만족함에 이르기 위해서는

아무것도 만족하지 마라

모든 것으로부터 지식을 얻으려거든

어떤 것으로부터도 지식을 얻지 마라

모든 것을 소유하려면

아무것도 소유하지 마라

어디든 가고자 하면

어디에든 머물지 마라

이제껏 누리지 못했던 기쁨을 얻기 위해서는

이제껏 가지 않았던 곳으로 가라

- 십자가의 성 요한

얼핏 보기에 말장난 같기도 하고, 도무지 이해할 수 없게 앞뒤가 맞지 않는 문장 같지만, 그가 수십 번 반추하며 써내려갔을 이 문장들을 곱씹어 반추해보면 심오한 뜻이 담겨 있음을 알 수 있다.

첫 문장 "모든 것을 만족함에 이르기 위해서는 아무것도 만족하지 마라."는 원래 원문을 재번역한 영문 "To reach satisfaction in all desire its possession in nothing."을 의역한 것이다.

나도 처음엔 이 반어법적인 문장이 잘 이해가 되지 않았지만, 반추에 반추를 거듭하고 나서야 나름대로 그 의미를 짐작할 수 있었다. 단순히 번역하면 "모든 것에 만족을 하려면 그 어느 것도 만족하지 말라."는 의미다. 여기서 드는 의문은 굳이 모든 것에 만족을 추구할 필요가 있느냐는 것이다. 인생을 살면서 모든 것을 만족한다는 것은 불가능에 가까울 것이다. 내가 아무리 삶에 만족하려 해도 주변 환경이 가만히 놔두지 않는다.

다음은 어느 나라에 해당할까?

● 미국 예일·컬럼비아대 공동연구진이 발표한 '환경성과지수 (EPI·Environmental Performance Index) 2016'에서 공기오염지수가 180개 국 중 173위로 최하위권.
● NASA(미국항공우주국)가 발표한 전 세계에서 중국 베이징과 함께 가장 대기가 오염된 나라.

바로 대한민국이다. 갈수록 환경오염이 악화되고 있는 상황에서 어떻게 현재 수준에 만족하며 살 수 있을까? 모든 것에 만족한다는 것은 현실적이지 않다. 그렇다면 역설적으로 모든 것에 만족할 수 없으니 욕심을 버리라는 의미일까? 정말 모든 것에 만족할 수 있는 경지에 결코 오를 수 없는 것일까? 만약 성 요한이 말한 것처럼 모든 것에 만족하려거든 어떤 것도 만족하지 말라는 것을 그대로 따른다고 해보자.

어떤 것도 만족하지 않는 것은 모든 것에 불만족한 상태이다. 그러면 결국 모든 것에 만족할 수 있다는 말이다. 아무리 봐도 논리적으로 앞뒤가 맞지 않다. 그렇다면 이렇게 생각해보면 어떨까? 반대로 어떤 것에 만족을 한다는 것은 무슨 의미일까? 그 어떤 것을 포함한 세상의 모든 것은 변한다. 만족한다는 것은 그때의 그 상황에 만족한 '조건적 만족'이지 상황이 바뀜에도 변함없이 '무조건 만족' 하는 것은 아니다. 모든 것은 변한다. 만족했던 대상도 언젠가는 불만족스런 상황에 놓이게 될 수 있다. 반대로 만족함을 모른다면? 아니 그보다는 만족함에 초연하다면? 즉 만족감을 느끼는 상태 자체가 없다면? 만족하는 것도 아니고 그렇다고 만족하지 않는 것도 아니라면? 한마디로 주변 상황이 어떻게 변하든 아무런 감정이 없이 태연하다면? 만족함이 없으면(不在)? 즉 만족함이라는 감정 자체가 아예 없다면?

그렇다. '만족'이라는 관념 자체가 존재하지 않으면 어디에 놓이든 있는 듯 없는 듯 살아갈 수 있을 것이다. 언어는 인간의 생각을 담아내는 그릇이지만, 온전히 다 표현하지 못하는 경우가 많다. 어차피 생각을 오롯이 담아내어 전하지 못한다면 차라리 시의 형태가 나을 수 있다. 시처럼 말을 생략하고 줄여서(Minus) 자유로운 해석과 상상을 독자의 몫으로 남겨 두는 것이다. 성 요한의 시구에 대해서 나의 해석이 맞고 틀리고는 중요하지 않다. 주목할 것은 성 요한의 '반추反芻'법이다.

논리적으로는 서로 앞뒤가 맞지 않는 것처럼 보이지만, 생각의 생각을 담고 있는 반어적이고 대립적인 생각의 구조이다. 그것을 통해서 일반의 생각을 뛰어넘고, 생각지 못했던 것들을 끄집어내 자유롭게 유희할 수 있는 장을 만들 수 있다.

역逆의 반전

르네 마그리트의 '이것은 파이프가 아니다' - 위키피디아

우측 하단의 '르네'라는 화가의 서명보다 "이것은 파이프가 아니다."라는 텍스트Text가 더 크게 돋보이는 이 그림은 벨기에의 초현실주의 작가인 르네 마그리트의 '이미지의 배반'이라는 작품이다. '이미지의 반역', '시상의 기만' 등 섬뜩한 단어를 쓰며 다양하게 불리는 이 그림은 불어로 쓰여진 "Ceci n'est pas une pipe이것은 파이프가 아니다"라는 시적인 문구 하나로 철학적 해석과 상상력까지 동원될 정도로 많은 관심을 받았다.

누가 봐도 그림 속의 대상은 파이프다. 그런데 파이프가 아니라고 친절하게 설명을 한다. 이 그림의 텍스트Text가 시적이라고 한 것은 다양한 해석과 상상을 낳기 때문이다.

이제 상상의 나래를 펼치고 해석을 해볼 차례다.

작가는 무슨 말을 하고 싶은 것일까? 제목에서처럼 시각적으로 표현된 그림은 원래의 실체를 외형적으로 재현한 것에 불과할 수 있다. 특히 사실화나 세밀화는 예술적인 표현보다는 있는 그대로의 모습을 재현하는 것에 초점이 맞춰져 있다. 르네의 그림을 아무리 들여다봐도 일반 파이프와 이질감이 느껴질 만큼 달리 표현한 곳은 찾아볼 수 없다.

유치환의 시 〈깃발〉에는 '이것은 소리 없는 아우성'이라는 표현이 나온다. 국어 시간에 '역설법'이라고 배운 기억이 있을 것이다. 역설법이란 표면상의 일반적인 표현 자체로는 논리적으로 맞지 않지만(모순적 의미), 화자의 의도가 표현 자체를 의미하는 수사법이다. 전후 문맥을 전혀 따지지 않고 '소리 없는'과 '아우성'을 단순 비교하면 논리에 맞지 않다. 그런데 우리가 통상 알고 있는 시끌벅적한 소음은 없지만(=소리 없는) 깃발이 바람에 흔들리는 것을 '아우성'과 같은 관념으로 보는 화자의 관점은 표면상의 논리를 초월한 어떤 의미를 가지게 된다. 한용운의 〈님의 침묵〉에서 '님은 갔지마는 나는 님을 보내지 아니하였습니다.'의 문장도 같은 경우이다. 이러한 역설법은 평이한 문장에 비해서 더 큰 주목을 끈다. 언뜻 논리적으로 맞지 않는 것 같은 문장이 상대방으로 하여금 여러 번 반복적으로 생각하게 만들기 때문이다. 바로 르네의 작품, '이미지의 배반'에 쓰여진 역설적인 문장 "Ceci n'est pas une pipe."가 이와 같은 효과를 준다.

'파이프'와 '파이프 그림'이 서로 다르다는 것은 일반적인 상식이다. 그런데 굳이 왜 파이프가 아니라고 했을까? 그림의 제목에서 어느 정도 힌트를 얻을 수 있을 것이다.

이미지(視像)의 반역, 또는 배반, 기만 등으로 해석되는 이 제목에 답이 있지 않을까?

이미지는 시각적이다. 사람의 눈이 신체 조직의 8할이라고 할 만큼 시각은 중요하다. 하지만 어떤 대상은 단지 시각적인 이미지만으로 설명되지 않는다. 그것을 이루고 있는 성분, 성질, 화학적 물리학적 특징, 효능, 용도, 얽힌 스토리 등 설명해 줄 수 있는 요소는 다양하다. 하지만 통상적으로 어떤 대상을 인지하거나 처음 접할 때 가장 먼저 들어오는 정보가 시각적 이미지이다. 그 안에 무엇이 담겼는지는 몰라도 시각적인 이미지만 보면 대충 무엇인지, 어떤 성질이나 특성을 가지고 있을지 예측할 수 있다. 이것이 시각적인 이미지가 갖는 직관적 기능이다.

하지만 보이는 것이 전부일까? 때로는 보이지 않는 것이 더 중요한 의미를 담거나 더 많은 것을 설명해 주기도 한다. 어쩌면 르네는 시각적인 이미지에 익숙해진 나머지 보이는 것에만 맹종하는 인간의 그릇된 성향에 경종을 울리기 위해서 그렇게 의도적으로 표현했을지도 모른다. '반역'이나 '배반' 또는 '기만'은 어떤 대상을 의심의 여지 없이 철저히 믿었는데, 그 대상으로부터 그 믿음을 상실했을 때 느끼는 감정이다. 또 한 가지 중요한 단서는 타이틀 '이미지의 배반'에서처럼 문법상으로 보면 배반의 주체가 이미지를 보는 사람이 아니라 이미지 그 자체라는 것이다. 즉 이미지가 상대방을 배반한 것이지, 상대방이 이미지를 배반한 것이 아니란 거다. 하지만 과연 그럴까? 이미지의 배반은 어찌 보면 배반을 당했다고 주장하는 사람의 일방적인 표현일 수도 있다. 그래서 배반의 주체는 이미지가 될 수도 있고, 이미지가 아닐 수도 있다.

우리는 평소에도 보이는 이미지에 속는 경우가 있다. 겉으로 보이는 이미지만으로 내용까지 좋고 나쁨을 섣불리 판단해 버린다. 이미지와 정반대되는 속성을 나중에 발견했을 때는 분노를 쏟아낸다. 겉으로 멀쩡하게 보이고 맛있게 보이는 수박이 있다고 하자. 그런데 집으로 가지고 가서 칼로 반을 갈랐더니 속이 허옇게 익지도 않아 맛 또한 달지 않은 수박을 보고 이렇게 말한다. "이것은 수박이 아니다." 처음엔 '수박'인 줄 알았는데, 나중에 알고 보니 '수박이 아닌 것'이다. 물론 수박 앞에 '정상적인' 또는 '품질이 좋은' 등과 같은 말이 생략되었다.

TV 화면에 나오는 유명 인사가 한 명 있다. 반듯하니 잘 생겼을 뿐만 아니라 말씨도 곱고 행동도 본보기가 될 만큼 믿음직스럽다. 그런데 어느 날 뉴스에 인간으로서 해서는 안 될 온갖 파렴치한 범죄를 저지른 죄인이 되어 얼굴을 드러낸다. 그럴 때 사람들은 말한다. "OOO는 사람이 아니다."

단순한 말장난처럼 보이는 "Ceci n'est pas une pipe^{(이것은 파이프가}

^{아니다)}"는 사람들에게 신선한 '반향^{反響}'을 준다.

르네는 이렇게 말하고 싶었을지도 모른다.

"눈 앞에 보이는 것이 전부가 아닙니다. 너무 맹종하지 마세요. 보이는 것을 너무 맹종하면 후에 배반을 당했다고 느낄 수도 있습니다. 이미지가 당신을 속일 수도 있지만, 당신 스스로가 이미지를 배반할 수도 있지 않을까요? 최종적으로 생각하고 판단하는 것은 당신일 테니까요."

무^無와 비움^(空)

0은 원래 인도의 범어^(梵語, Sanskrit)인 '슈냐^{sunya}'라는 말의 개념에서 파생되었다. 슈냐^{sunya}는 '비어 있음'을 뜻하는 한자어 '공^空'으로 표현할 수 있다. '없다'의 의미인 '무^無'로도 해석되는데, 이 둘의 의미는 비슷한 것 같지만, 뉘앙스는 다르다. 비어 있다는 우리말에는 '있다'는 말이 포함된다. 빈 것은 있음의 다른 형태인 것이다. 비어^(空) 있음^(有)이라는 말에는 있음^(有)이 포함되어 있다. 비어 있다는 것은 있는 것과 없는 것이 완전히 별개로 홀로 존재하지 않고 서로 관련이 있음이다.

노자는 『도덕경』 11장을 통해서 '공^空'의 의미를 설파하였다.

三十輻共一轂 當其無 有車之用 삼십폭공일곡 당기무 유거지용
埏埴以爲器 當其無 有器之用 연식이위기 당기무 유기지용
鑿戶牖以爲室 當其無 有室之用 착호유이위실 당기무 유실지용
故有之以爲利 無之以爲用 고유지이위리 무지이위용

최태웅 역 『노자의 도덕경』(새벽이슬)의 해석을 빌리면 이렇다.

서른 폭 수레 살은 텅 빈 바퀴구멍이 있어야 그 가운데 축을 넣을 수 있다. 그래야 수레가 수레 구실을 할 수 있다.

진흙을 이기어 그릇을 만드는 데는 그 텅 빈 그릇 안에 있어야 그 속에 물건을 담을 수 있다. 그래야 그릇이 그릇 구실을 할 수 있다.

문과 창을 만들어 방을 들이는 데는 텅 빈 방안이 있어야 가구를 넣을 수 있다. 그래야 방이 방 구실을 할 수 있다.

그러므로 유가 유인 까닭은 무가 쓰이게 되기 때문이다.

바퀴의 발명은 인류 문명의 교류를 크게 증진시켰다. 바퀴는 기원전 5,500년경 메소포타미아 지방의 수메르인들이 만든 것으로 추정되는데, 그때의 바퀴는 살이 없는 원판 형태였다. 바퀴살이 있는 바퀴는 2,500년이 지난 기원전 2,500년경 할리스Halys 강변을 근거지로 한 히타이트족이 전차를 만들면서 처음으로 고안했다고 전해진다. 원판형 바퀴가 빈 공간을 가진 바퀴살의 바퀴가 되기까지 무려 2,500년이 걸린 셈이다.

노자는 바로 이 바퀴살이 있는 바퀴의 핵심을 바퀴살이 중앙의 바퀴통에 들어갈 수 있도록 한 '빈 구멍'으로 봤다. 우리가 늘상 밥을 담는 그릇의 핵심은 그릇의 재질이나 형태가 아니라 밥을 담을 수 있는 '빈 공간'이며, 마찬가지로 집의 핵심은 건축 재료나 구조가 아니라 사람이 들어갈 수 있는 '빈 공간'으로 봤다.

황경신의 「생각이 나서」에는 이런 대목이 나온다.

누군가를 생각하지 않으려고 애를 쓰다 보면
누군가를 얼마나 많이 생각하고 있는지 깨닫게 된다.
있다와 없다는 공생한다.

부재는 존재를 증명한다.

무無가 먼저인지 유有가 먼저인지는 확실치 않다. 무無에서 유有가 창조되기도 하고, 유有에서 무無로 소멸되는 것 또한 세상의 이치다.

인도인들은 바빌로니아인들이 쐐기로 표현한** '아무것도 남지 않았다'라는 '빈자리' 개념에서 '수학적' 개념과 '종교적' 개념을 불어 넣었다. 인도인들은 우주는 단지 창조만 하는 것이 아니라 소멸을 하면서 한데 어우러진다는 힌두교의 사상으로 '무無'를 우주 창조의 시초로 본다. 무한과 무無의 개념도 인도에서 나왔다. 비어 있음을 뜻하는 슈냐sunya가 이미 있었기에 바빌로니아인들의 쐐기 표식을 어렵지 않게 이해하며 철학적으로 더 발전시킬 수 있었다.

모든 생명체는 그 생명이 다하면 다시 자연 상태로 돌아간다. 산산이 부서져 가루가 되고 먼지가 되어 우주를 떠돈다.

원점으로의 회귀는 소멸이지만 동시에 무한한 가능성이 있는 창조 세계의 출발점이기도 하다.

** B.C 3000년경 바빌로니아 지역에는 오리엔트 최고의 문명을 이룬 수메르인들이 살고 있었다. 가축을 쟁기에 연결하여 농사를 지을 줄 알았고, 바퀴가 달린 수레로 이동도 할 줄 알았다. 이러한 각종 기술을 활용하여 생산된 농기구들은 신전의 서기인 신관이 관리하였는데, 그 수량을 파악하기 위해서 점토판에 오목하게 눌러서 표시를 하였다.

　　　　　　　　　　　　　　　　　　　　 -바빌로니아 점토판의 숫자, 출처 :위키피디아

당시 바빌로니아인은 10진법뿐만 아니라 60진법을 사용했는데, 이미 0을 자릿수의 개념으로 사용하고 있었다. 그들이 오늘날 표현한 '0'은 쐐기모양으로 숫자의 개념까지 생각한 것은 아니었다. 가령 3에서 3을 빼면 우리는 0이라는 걸 감각적으로 알지만, 당시에는 '0'이라고 표시하지 않고 '없음' 또는 '소진'을 상징하는 '쐐기' 표시로 그 의미를 대신한 것이다. 말하자면 닭 2마리가 재고로 있으면 2를 의미하는 작대기 두 개를 그어 표시를 했다가 시간이 흘러 닭이 한 마리도 남지 않게 될 경우 쐐기 표시를 한 것. 이 행위는 무엇을 뜻할까? 쐐기가 있다는 것은 그 전에 무언가가 있었다는 것을 나타낸다. 처음부터 아무것도 없었던 '무(無)'가 아니라 있다가 없어진 시간의 흐름 뒤 결과를 단순한 기호로써 형상화한 것이다.

공자가 "아무 일도 하지 않고 천하를 다스리는 최고의 경지"로 칭송한 장자의 '무위이치無爲而治'는 언뜻 글자 그대로 해석하면 모순처럼 보이지만 심오한 통찰이 담겨져 있다.

百戰百勝 非善之善者也 不戰而屈人之兵 善之善者也 백전백승 비선지선자야 부전이굴인지병 선지선자야
"백번 싸워서 백번 이기는 것이 최선은 아니다. 싸우지 않고도 적을 무너뜨리는 것이 최선이다."

'부전승不戰勝'이라고 알려진 『손자병법』에 나오는 말이다. 통상 전투를 치러 싸움에 이기는 전과를 얻더라도 아군 병력의 희생과 각종 군수품 등의 손실이 따르게 마련이다.

호랑이는 싸우지 않고도 그 기세로 상대를 누른다. 싸우지 않고도 상대로 하여금 전의를 상실하게 하여 포기하게 만드는 것이 상수이다.

가끔 성공한 사람의 인터뷰 기사를 보면 자신은 아무것도 한 게 없는데 주위의 도움으로 성공하게 되었다고 말하는 경우가 있다. 겉으로는 정말 아무 일도 하지 않은 것처럼 보이지만 실상은 자발적으로 주변을 움직이도록 한 고도의 힘이 작용한 것이다.

장자의 '무위이치無爲而治'도 이와 일맥상통하는 경지이다. 경제학의 기본 원리가 최소한의 노력으로 최대한의 결과를 얻는 것이 아니던가. '무無'의 추구는 현대 및 미래사회의 큰 흐름이기도 하다. 우리가 정보를 검색하여 얻는 많은 자료들은 **한계비용(총 비용 증가분을

** 한계비용 제로 사회, 제러미 리프킨 저 , 안진환 옮김. 민음사

생산량 증가분으로 나눈 것으로 고정비용을 제외한 산출량)이 Zero에 가깝다. 이렇게 검색을 하여 얻는 정보를 무료로 얻을 수 있는 데에는 광고주가 검색 서비스 회사에 대신 비용을 지불하기 때문이다. 덕분에 유저들은 정보의 바다를 마음껏 공짜로 누릴 수 있다. 소유하지 않고도^(무소유) 소유한 것과 같은 효과를 얻는 공유경제로 진화하는 현상 또한 '무'의 무한한 가치에서 나온다.

삶의 균형추

그리스신화에는 수많은 신들이 나온다. 사랑의 신 에로스가 있는가 하면 바다의 신 포세이돈이 있고, 지혜의 신 아테나가 있는가 하면 죽음의 신 하데스도 있다. 왜 그리스 신들은 전지전능한 유일무이한 신이 존재하는 대신 이렇게 여러 신들로 나뉘어 각각 어느 한 분야만을 분담하여 관장하는 걸까?

많은 논쟁과 해석이 분분하면서도 흥행작으로 인기를 얻은 나홍진 감독의 영화 〈곡성, 2016〉은 감독 스스로가 신에 대한 불신에서 출발하여 신에게 질문하는 것으로 끝나는 영화라고 했을 정도로 신에 대한 관심을 불러일으켰다. 이 영화에는 여러 신들이 등장한다. 영화 시작부터 예사롭지 않게 「신약성경」 누가복음 24장의 "어찌하여 두려워하고 마음에 의심을 품느냐. 내 손과 내 발을 보고 나인 줄 알라. 나를 만져 보아라. 영은 살과 뼈가 없지만, 너희가 보는 바와 같이 나는 살과 뼈가 있느니라." 라는 하나님 말씀이 등장한다. 전통 무속신으로 상징되는 무명(천우희 분)은 일본의 신을 믿는 외지인(쿠니무라준 분)과 대립한다. 일본은 신을 모시는 신사神社만 10만 개 내외일 정도로 다양한 신을 숭배하기로 유명하다. 이것을 부정한다면 과거의 종교전쟁과 같은 비극이 발생할지도 모른다. 과격한 민족주의는 자기 나라 민족이 제일이라는 우월주의로 나타나 타민족을 척결의 대상으로 여기면서 잔혹한 죽음으로 이끌지 않았던가.

다양성이 존중되지 않는 사회는 건강하지 못하다. 다양성은 혼자만 잘났다는 생각을 버려야 생긴다. 다양성을 인정하지 않으면 자기 우월주의에 빠지기 쉽고, 다른 것들을 인정하는 대신 인위적으로 자꾸 하나로 통합하려는 우매한 시도가 벌어진다. 이런 사회에서는 선진국으로 발돋움하는 데 가장 중요한 창의성이 발현되기 어렵다.

다양성은 균형이다. 어느 한쪽으로 기울어지면 균형이 흐트러져 불안정한 상태가 된다. 그동안 '플러스Plus'식 사고방식(얻고, 늘리고, 확장하고, 만들고, 세우고, 쌓고, 쟁취하는…)에 치우쳐진 무게 중심을 '마이너스Minus'의 사고방식(버리고, 줄이고, 축소하고, 허물고, 빼는…)의 강화를 통해서 삶의 균형점을 되찾아야 한다. 어느 한쪽이 기울어진 저울에는 반대편에 추를 더 놓아야 무게 중심이 가운데로 이동하는 것처럼, 생각하고 행동하는 방식의 전환이 필요하다.

마이너스 감각

　　인간은 불완전하다. 그렇기에 그 부족함을 채우려 한다. 하지만 그 전에 버려야 할 것들이 무엇인지 먼저 생각해보자. 세상의 트렌드를 잘 살펴보면 큰 기류의 흐름이 보인다. 미래의 근로시간은 지금보다는 더 줄어들 것이고, 1인가구와 노인 비중의 증가는 집 평수를 작게 만들 것이다. 이미 일본, 이탈리아, 덴마크, 프랑스 같은 선진국들은 소형차와 경차가 많다. 전자제품은 어떤가? 과거엔 무겁고 큰 카메라를 어깨에 둘러메면 그럴싸한 전문가처럼 보였지만, 미러리스 기술개발로 카메라 본체의 사이즈는 점점 작아지고 있다. 애플의 iMac은 아예 본체와 모니터를 합쳐버렸다. 유의미한 통합에는 반드시 빼는 게 수반된다. 통합이 결과라면 빼는 것은 과정이다. '빼는 사고'로 통합에 이를 수 있고, '더하는 사고'는 '빼는 사고'를 필요로 한다.

　　빼는 것과 더하는 것 그 어느 한쪽이 반드시 먼저일 필요는 없다. 빼는 사고법은 어떤 목적을 이루기 위한 꽤 괜찮은 수단이 될 수 있다. 예를 들어 미래의 친환경 자동차 개발이라는 '목적'을 생각한다고 했을 때 그 과정에 필요한 수단으로 적용시킬 수 있다. 환경오염을 일으키는 경유를 원료로 하는 엔진을 버리고, 대신 전기나 태양열, 수소 같은 친환경 자원으로 대체될 수 있다. '대체'라는 개념을 잘 생각해보면 새로운 것을 도입하기 이전에 기존의 것을 버려야 함을 알 수 있다. 새로운 것을 생각해냈다 하더라도 기존의 것을 버리지 않고서는 '대체'가 성립되지 않는다. 새로운 원료를 동력으로 쓰는 자동차를 만들기 위해서는 기존에 가지고 있던 무언가를 버리지 않으면 안 된다. 그래야 그 빈자리를 신개념, 신기술로 채울 수 있다.

창의성에 가장 걸림돌이 되는 것은 고정관념이다. 아이러니하게도 한 분야에 오래 종사하고 그 분야에 해박한 전문지식을 가질수록 고정관념이 더욱 확고해질 수 있다. 누군가 문제를 제기하고 아이디어를 내놓으면 "내가 해봤는데…." 이 한마디로 끝이 난다. 오히려 아무것도 모르는 사람은 스폰지처럼 주변의 정보들을 가리지 않고 흡수하며 아무도 생각지도 못한 혁신적인 '사고事故'를 칠 가능성이 크다.

창의력은 고정관념을 '빼는' 생각이다.

고정관념이 떡 하니 자리하고 있는 한 그 자리에 새로운 바람이 머물 순 없다. 고故 정주영 회장이 부산의 유엔군 묘지 단장 공사를 맡았을 때의 일이다. 때는 찬바람이 휑하게 부는 한 겨울. 그런데 이곳에 한국전에 참전한 각국의 유엔 사절단들이 방한하여 참배를 하기로 한 것. 사절단들을 맞이할 미8군 사령부는 어떻게든 황량한 묘지 주변을 그들 고향의 잔디밭처럼 푸르게 단장하고 싶었지만, 뾰족한 방법을 찾지 못하다가 머리가 비상하기로 소문난 정주영에게 공사를 맡기고자 하였다. 아무리 머리가 기발하다고 해도 청년 정주영

역시 미8군의 요구사항은 참으로 난감하기 이를 데 없었다. 정주영은 방법은 나중에 찾기로 하고 오히려 배짱을 부려 3배나 높은 공사비를 받기로 하고 계약부터 했다. 청년 정주영이 고심 끝에 생각해낸 아이디어는 보리였다. 시골 농사꾼의 자식으로 태어난 정주영은 한겨울에도 파릇파릇한 보리를 낙동강 근처에서 떠다가 묘지 주변을 도배할 요량이었다. 트럭 30대분이 들어갈 만큼 거대한 공사였다. 어차피 간단히 참배만 하고 돌아갈 것인데, 잔디가 아니면 어떤가. 청년 정주영은 공사를 마무리 짓고 미군으로부터 원더풀 굿 아이디어라는 칭송을 아낌없이 받았다.

일반적으로 생각할 때 묘지에는 파란 잔디가 당연히 있어야 한다고 생각하겠지만, 정주영의 생각은 달랐다. '잔디'가 핵심이 아니라 '잔디처럼 보이는 것'이 핵심임을 간파했던 것이다. 정주영은 잔디의 속성을 떠올렸다. 가장 쉽게 떠오르는 것은 '색'이었고, '초록색'을 찾다보니 '보리'가 떠올랐던 것이다. 묘지에는 반드시 잔디를 심어야 한다는 '고정관념'이 없었기 때문에 보리를 떠올릴 수 있었던 것이다. 어떤 일을 창의적으로 하고 싶다면 머릿속에 자리하고 있던 평소의 생각들을 아깝다 생각하지 말고 과감히 **빼보라**. 일반적으로 스스로가 자신의 생각이 '고정관념'임을 깨닫는 것은 어려운 일이다. 그럴 땐 방법이 하나 있다. 내가 과거에 단 한 번이라도 생각했던 것이라면 그것에 대해서 아무런 평가를 하지 말고 '고정관념'이라고 생각하는 것이다. 그것이 과거에 성공을 이루게 했던 것이든, 실패를 낳게 한 것이든 일단 한 번 써먹은 것은 '고정관념'이라고 생각해보라.

코닥은 1975년 이미 디지털 카메라를 발명해 놓고도 새로운 시장에 진입하지 않았다. 아날로그 카메라로 자신들이 다져 놓은 확고한 시장을 이 '괴물'로 대체하기를 꺼려했던 것이다. 디지털 카메라 시장이 눈부신 성장을 하자 그제야 시장에 뛰어들었지만 이미 때는 늦은 뒤였다. 기존의 성공 관념을 버리지 못하면 현실에 안주하게 된다. 영화 '아이언맨'의 롤모델로 유명한 엘론 머스크(Elon Musk, 1971~)는 전기차에 대한 일반인의 개념을 완전히 바꾼 테슬라 모터스의 CEO이다. 민간 기업 최초로 로켓을 쏘아 올린 스페이스 X, 과거에 '전기차'라고 하면 다소 둔탁한 외형 디자인에 파워가 떨어지는 것을 떠올렸지만 그는 미려한 디자인이 가미된 스포츠카를 만들어 주목을 받았다.

그는 WGS 2017의 한 인터뷰를 통해서 미래에는 기본소득이 필요할 거라고 봤다. 정치인도 아닌 기업가가 기본소득을 얘기하는 이유는 무엇일까? 앞으론 상당수 인간의 일자리를 로봇이 대신할 것이기 때문에 일자리를 잃은 사람들이 최소한의 생계를 이어나가기 위해서는 (국가가) 매월 금전으로 보조를 해야 한다는 것이다.

새로운 것의 출현은 기존의 새로운 것을 구식이 되게 만든다. 처음엔 신식과 구식이 공존하지만 점차 시간이 지날수록 구식은 설 자리를 잃게 되는 것이 지금까지 인류 문명이 보여온 모습이다.

고정관념을 내 머릿속에서 빼야(Minus) 그 안에 다른 생각이 자유롭게 자리잡을 수 있다. 조각난 퍼즐을 맞추는 게임을 잘 하려면 빠진 부분(Minus)을 잘 찾아야 한다. 권투는 상대방을 잘 때리기만 해서는 한계가 있다. 잘 피하고 빠져 나와 상대의 힘을 빼는(Minus) 지혜가 필요하다. 잡풀이든 나무든 한참 자라고 있는 땅에 새로운 풀이나 나무를 심기 위해서는 먼저 그 자리에 이미 존재하는 풀과 나무를 뽑지 않으면 안 된다. 이 순서를 꼭 기억하라. 몸으로 체득이 안 되었다면 머리로라도 의도적으로 생각하라. 남들이 간과하는 삶의 마이너스 Minus 감각은 그렇게 키워진다.

마이너스 창조

'빼는 사고법'이 어떤 목적의 '과정'으로 작용할 수도 있지만, 그 반대로 그 자체가 '결과'가 될 수도 있다. 먼저 '과정'으로 작용하는 예를 보자. 가령 '가벼운 카메라'를 제작하는 것을 목적으로 할 때 미러리스 개념은 목적을 이루기 위한 과정이 될 수 있다.

예전에는 책을 만들 때 가운데 접히는 선을 실로 꿰맨 '유선제본' 방식을 이용했다. 그런데 문제는 어느 한 장을 찢으면 맞은 편 종이도 같이 떨어져 나가는 것이었다. 게다가 자주 쓰다 보면 묶은 것이 헐거워져서 책을 원형으로 보존하기 어려운 단점이 있었다. 그래서 어느 한쪽을 찢더라도 다른 페이지에 영향을 주지 않고 헐거워지지 않는 책을 만드는 것이 새로운 목표로 떠올랐다. 이때 등장한 것이 무선제본 방식이다. 실을 없애고, 대신 접착제를 붙이는 무선제본 책은 오늘날 대부분의 출판사가 이용하는 방식이다.

필기를 하는 노트를 '공책'이라고 부를 때 이 '공'은 '비었다'는 의미이다. 책은 책인데 아무 것도 없는 빈 책이라는 것. 이 경우는 '빼는 사고법'의 개념이 결과로 나타난 예이다. 무선통신, 무선마우스, 무선충전기, 무선청소기 등도 같은 부류이다.

애플 스마트폰을 부팅을 하면 하얀색 바탕에 검은색 애플 로고가 뜬다. 나는 처음 애플 스마트폰을 접했을 때 의아했다. 단지 로고 하나만 달랑 띄워놓다니! 게다가 아무런 애니메이션 효과도 없이 정적인 상태로 계속 보여주다가 완전히 부팅이 되면 그제야 바탕화면이 나온다. 바보 같은(?) 애플은 너무나도 단순하게 황금 같은 부팅 시간을 자사의 심플한 로고 하나만 보여줬다. 나는

애플 로고

iPhone 3 초창기 모델부터 현재 iPhone 7에 이르기까지 iPhone만을 쓰고 있는데, 문득 부팅 시간이 얼마나 걸리는지 궁금해졌다. 직접 재보니 대략 30초 안팎이었다. 1초도 길게 느껴지는 한국 문화권에서는 더더욱 참을 수 없는 시간 아닌가?

애플이 최초로 스마트폰을 출시하면서 지금까지도 변함없이 부팅할 때 단순한 로고만 띄우는 이유를 상당한 시간이 흐른 뒤에야 깨닫게 되었다. 화려한 컬러로 돋보이게 할 수도 있었을 애플 로고는 여전히 흑백의 무채색으로만으로 디자인 되어 있다. 오래 지속되는 힘이 바로 여기서 나온다. 무채색은 절제에서 오는 편안함이 있기 때문이다.

무채색은 컬러처럼 화려하고 눈부시게 시각을 자극하지 않아 존재를 강하게 드러내지 않지만, 흑백사진을 보면 마음이 푸근해지고 편안해지는 것처럼 오래도록 봐도 질리지 않는 느낌을 받는다. 평상시에 자주 쓰는 것일수록 무채색에 대한 사랑은 크다. 자동차가 가

장 대표적이다. 우리나라 사람이 가장 선호하는 화이트와 블랙, 회색 계열은 모두 무채색이다.

책이 변함없이 흰색 바탕에 검정 글씨를 쓰는 이유가 여기에 있다. 피아노 건반은 흰색과 검정색으로만 되어 있다. 악보 또한 흰 바탕에 검은 색 콩나물이 그려져 있다. 평소에 흰색이나 검정색 계열의 무채색 옷을 입는 이유는 튀지 않는 무난함이 주는 편안함 때문이다. 반면 화려한 컬러는 처음엔 눈에 도드라지게 띄어 주목을 받지만 오래 보면 편하지 않다.

애플의 한 입 베어진(Minus) 사과 모양은 세계의 유일무이한 디자인이 되었다. 만약 한 입 베어진 부분이 없는 온전한 사과 모양이었다면 어땠을까?

이 독특한 로고가 탄생한 데는 여러 설들이 있는데, 그 중에서 유력하다고 생각하는 전설이 있다. 오늘날 컴퓨터의 원형으로 평가되는 '튜링 기계'를 발명한 천재 수학자 앨런 튜링을 기리기 위해 고안되었다는 설이다. 앨런 튜링은 동성애자라는 이유로 화학적 거세를 당하고 나서 우울증에 시달리다 사회가 자신을 여자로 강요했으니 자신 또한 가장 순수한 여자(백설공주)가 선택한 방법을 그대로 택한다는 말을 남긴 뒤 독 사과를 먹고 세상을 떠났다고 한다.

독창적이고 창의적인 것을 만들고 싶은가? 그렇다면 **빼는 사고**思考를 하라.

Chapter 03

버리지 않으면
버려진다

문제를 푸는 사람은 주어진 세상을 살고, 문제를 내는 사람은 주어질 세상을 산다.

인생은 마음가짐에 따라 방향이 결정된다.

선택을 할 것인가? 아니면 선택을 당할 것인가?

새로운 삶을 살 것인가? 아니면 주어진 삶 대로 따라갈 것인가?

환경에 끌려다닐 것인가? 아니면 환경을 이끌 것인가?

생각은 에너지다. 생각을 포기하면 생각을 가진 사람에게 끌려다닌다.

지금까지 우리는 주로 무언가를 채우기 위해서 노력해 왔다. 이제 그 생각의 방향을 바꿔보자. 무엇을 얻어야 할지가 아니라 무엇을 버려야 할지를 생각하는 거다. 산에 오를 때는 몸과 마음이 가벼울수록 발걸음도 가볍다. 욕심을 내고 무거운 짐을 짊어지고 산을 오르다 보면 정상에 이르지도 못한 채 지쳐 쓰러지고 만다.

앞의 1, 2장이 몸풀기용 두뇌 체조였다면 3장부터는 'Minus Thinking'이 다양한 분야에서 실제 어떻게 응용되고 활용될 수 있는지 실제 사례들을 통해서 개념을 확고히 하는 장이라고 할 수 있다.

버리지 않으면 버려진다. 버릴 것인가? 버려질 것인가?
선택은 당신의 몫이다.

뺄셈 아이디어 발상법

"찍은 사진을 확인하면서도 그 에너지가 온전히 담겨 있다면 정말 기분이 째지겠지만 그렇지 않다면 분명 방해하는 피사체나 풍경이 있습니다. 그것이 무엇인지 찾아서 빼고 다시 찍습니다. 뺄셈의 법칙의 가장 기본이 되는 부분입니다."

- 남상욱 「착한 사진연구소 대표」 (월간 Photo dot 2016.10월호)

사진을 잘 찍으려면 빼기를 잘 해야 한다. 사각의 프레임 안에 무엇을 담고 프레임 밖으로 무엇을 버릴지 판단해야 한다. 사진은 눈으로 보는 풍경보다 훨씬 작은 부분만을 담는다. 카메라에 피사체를 담는 것은 동시에 나머지 선택되지 않는 훨씬 큰 그림을 담지 않는 것이다.

인간은 누구나 성장과 성취 욕구가 있다. 그것을 가능하게 해 주는 한 요소가 아이디어이다. 아이디어는 늘 창의성과 함께 거론된다. 주변에 아이디어가 많은 사람을 보면 대체로 공통된 특징이 있다. 그것은 '적용'을 잘 한다는 것이다. 가령, 나뭇잎이 단풍이 드는 원리를 배웠다면, 그 원리를 옷에 적용해볼 수 있다. 리바이스 청바지가 처음 나왔을 때는 단색이었지만, 한때 색을 잘 빼서 입는 게 유행인 적이 있다. 단풍의 원리가 새로운 색소가 첨가되는 것이 아니라, 이미 있던 색소가 빠지면서 남아 있는 색소가 도드라지는 것이다. 같은 원리로 청바지에 적용할 수 있듯, 이처럼 뭔가 하나를 알면 열을 알 듯 다른 분야에 그 기준과 원리를 두려움 없이 적용해보는 방식이다. 아이디어를 잘 낼 수 있는 여러 방법 중 하나가 바로 '빼는 사고법'이다.

인천 소래포구 역에 가면 사진에서처럼 지붕 가운데 부분이 비워져 있다. 이 빈 공간은 햇볕을 받을 수 있어 낮에는 조명을 대신할 수 있고, 공기가 통해서 쾌적한 느낌도 준다. 비나 눈이 오더라도 사람들이 대기하는 자리에는 빗물이 들이치지 않는다. 건축물의 일부를 비워두는 것에서 새로운 효용을 찾은 것이다.

소래포구 역

밥상에 자주 오르는 김은 맛과 영양이 좋은 식품이다. 김의 주산지는 남해안으로 완도가 유명하고 해남, 고흥, 진도에서도 많이 난다. 그밖의 김 산지로는 서해안 충남 홍성군 광천, 충남 서천군 등이 있다.

조미 김은 그동안 차별화를 위해서 다양한 시도를 해왔다. 대표적인 것은 최초로 '두 번 구운 김'을 전면에 내세운 동원 양반김인데, 지금은 어지간한 김은 대부분 두 번 구워서 차별점이라기보다는 기본적으로 갖춰야 할 요소가 되었다. 그다음 차별점은 원산지인데, 생산량은 완도에 밀리지만 '광천'이라는 지역명을 그대로 써서 맛을 앞세웠다. 그래서 일부 사람들은 김이 광천에서 많이 나는 줄 알 정도로 마케팅 효과가 상당하다.

그다음 차별점은 재료에서 나왔다. 조미 김에 쓰이는 보조 재료 중에서 구울 때 사용하는 기름이 그것이다. 들기름, 참기름, 올리브유 등 각자 독특한 장점을 내세워 차별화하고 있다.

그다음으로 조미 김의 차별점은 무엇일까? 그것은 맛을 좌우하는 보조 재료인 소금이다. 정제염 대신 천일염을 넣어 구운 김이 대표적이다.

그렇다면 이제 김을 차별화할 수 있는 요소는 더 이상 없을까? '빼는 사고법'으로 이 문제를 풀어보자.

김 양식은 육지와 가까운 어장에 설치하는 지주식支柱式과 육지로부터 멀리 떨어진 곳에 설치하는 부류식浮流式이 있다. 당연히 면적과 경제성으로 인해 부류식이 지주식의 약 2배 이상 넓게 분포되어 있다. 김은 특성상 폐조류가 달라붙어 파래나 기타 불순물을 제거하고 위생과 병해의 예방을 위해 산 처리를 하게 되어 있는데, 양식업체가 정부가 지정 공급하는 유기산(사과산, 구연산이 주원료) 대신에 무기산인

염산을 불법으로 사용하다가 여러 번 적발되기도 한다. 조류의 영향을 더 많이 받아 산 처리 효과가 떨어지는 부류식은 그것을 만회하기 위해서 그만큼 산 처리 횟수도 많을 수밖에 없다. 그래서 유기산 처리제보다 가격이 2배 이상 싸고 처리 효과가 높은 염산을 쓴 것이다.

바로 여기에 해법이 있다. 장흥에서는 발 빠르게 벌써 수 년 전부터 산 처리를 하지 않은 '무산 김'을 생산하고 있지만, 아직 일반에 널리 알려지지 않아 산 처리를 한다는 것 자체를 모르는 국민들이 많은 실정이다.

인류가 가공해 내는 유해한 식품들은 대부분 어떤 공정이 추가되거나 가공 방법이 추가로 들어간 것들이다. 썩지 않고 오래 보관하기 위해서 방부제를 넣고, 자연의 맛을 살리기 위해서 다양한 종류의 온갖 인공첨가물을 넣는다. 색이 도드라지고 매력적이게 보이도록 하기 위해서 가공한 인공색소를 넣고, 더 저렴한 비용으로 원하는 목적물을 얻기 위해서 인체에 유해한 공업용 재료를 무분별하게 남용하기도 한다. 그 결과는 어떠한가? 가장 소중한 건강과 생명에 영향을 미치지 아니한가?

행복하게 오래오래 살아야 할 100세 시대에 늙어서 병들어 고생하지 않기 위해서는 '빼는 행동, 빼는 생각'을 해야 한다. 지금처럼 유해한 음식들이 많지 않았던 옛날에는 골고루 많이 먹는 것이 건강을 유지하는 길이었다.

이제는 그렇지 않다. 그와 반대로 '골라서 적게 먹는 것'이 건강을 지키는 길이다. 항생제와 성장촉진제를 맞고 몇 평 안 되는 좁은 울타리 안에서 먹고 자기만 하며 스트레스를 받고 자란 동물들이 식탁에 오른다. 그렇다고 현실적으로 고기를 안 먹을 수는 없을 것이다.

그렇다면 먹는 양이라도 줄여야 한다. 가능한 유해한 가공식품은 먹지 않거나 양을 줄여야 건강한 식생활을 유지할 수 있다. 지구상에는 먹지 못해서 굶어 죽는 인구 이상으로 너무 잘 먹고 많이 먹어서 생명이 단축되는 경우가 너무도 많다.

'빼는 사고'는 아이디어를 내는 데도 도움이 되지만, 개인의 생명과 생존에도 직접적인 영향을 미친다.

빼야 더 할 수 있다

『채근담』에는 '응립여수 호행사병鷹立如睡 虎行似病'이라는 말이 있다. '매는 조는 듯 앉아 있고, 범은 병든 듯 걷는다.'는 뜻이다. 즉 야수는 힘이 있어도 써야 할 때와 아껴두어야 할 때를 가릴 줄 안다는 말이다.

넥센과의 경기에서 생애 첫 완봉승을 거둔 서재응은 이렇게 말했다.

"허리가 안 좋아서 스피드가 떨어졌는데, 오히려 힘을 빼고 던진 것이 좋은 결과로 이어졌습니다."

힘을 빼야 잘 되는 것은 비단 야구뿐만이 아니다. 수영, 체조, 창던지기, 축구, 농구, 배구, 역도 등 모든 종목의 스포츠에서 힘을 빼는 게 중요하다. 힘을 뺀다는 것은 불필요하게 에너지를 낭비하지 않는다는 의미다. 그래야 정작 힘을 써야 할 때 제대로 쓸 수 있다. 반대로 시종일관 힘을 빼지 않고 있으면 정작 기회가 와도 힘을 쓸 수 없다. 공부는 10시간 내내 쉬지 않고 힘을 쏟는다고 되는 게 아니다. 짧게 하되 주기를 가지고 반복해야 뇌에 남는다.

힘을 쏟지 않아서 성공하지 못한 게 아니다. 괜한 데 힘을 너무 쏟았기 때문이다. 야구에서는 있는 힘껏 배트를 밀어 쳐서 담장을 넘기는 것보다 80% 정도의 비교적 크지 않은 힘으로 가볍게 담장을 넘기는 것을 상급으로 친다. 그러기 위해서는 타이밍뿐만 아니라 정확도, 자세 등이 받쳐주어야 한다. '나비처럼 날아서 벌처럼 쏜다.'는 명언을 남긴 무하마드 알리는 힘을 빼는 것에 대한 중요성에 대해 잘 알고 있었다. 벌처럼 빠르게 쏠 수 있기 위해서는 나비처럼 힘을 빼지 않고 비축하는 것이 필요하다. 축구에서는 빠른 스피드도 필요하지만, 반대로 속도를 급감시켜 상대를 속일 수 있는 몸놀림도 중요하다. 양궁은 어떤가? 10점 만점을 맞추는 데 필요한 결정적인 순간은 다름 아닌 활시위를 당기고 호흡을 조절해 멈춰 있는 상태이다. 정지 상태가 불안하여 조금이라도 흔들리면 손을 떠난 활은 정중앙의 과녁을 여지없이 벗어난다.

고수는 파도를 타고 하수는 파도를 이기려 한다. 목소리를 높여 상대를 제압하려고 할수록 설득력은 떨어지고 목소리를 낮추고 상대의 목소리에 귀를 기울일 때 설득력은 높아지는 법이다. 철이 덜 들었을수록 물리적인 '힘'으로 상대를 누르려 한다. 하지만 철이 들면 그 효과는 잠시일 뿐이란 걸 알고 반대로 힘을 빼고 문제해결을 시도하게 된다.

사회생활에서 인간관계의 최종 성패는 힘이 빠졌을 때 드러난다. 힘(권력, 권위, 재력, 인맥 등)이 있는 사람의 주위에는 사람이 모인다. 반면 힘이 없는 사람은 주변에 사람이 모이지 않는다. 하지만 권불십년이라고 힘은 있다가도 없어진다. 그럴 때 벌떼처럼 몰려들었던 사람들은 뒤도 돌아보지 않고 다시 사방으로 흩어진다. 조건을 보고 사랑하면 그 조건이 사라지는 순간 사랑도 끝난다. 그런 인간관계는 오래가지 않는다. 진짜 진득한 인간관계는 힘이 빠졌을 때 남아 있는 사람으로 판가름이 난다.

행복이란 수천 개의 전화번호 목록이나, 화려한 인맥으로 만들어지는 게 아니다. 맘을 털어 놓고 진심으로 이해하고 이해받을 수 있는 친구 단 한 명이면 족하다. 내가 힘을 빼고 편히 만날 수 있는 사람은 누구인가?

만약에 OOO이 없다면?

"만약에 김치가 없었더라면 무슨 맛으로 밥을 먹을까?"

김치 주제가의 앞 소절이다. 정말 그럴 일은 없겠지만 미래에 김치가 없어진다면? 사람은 늘상 존재하는 것에 대해서는 소중함을 잘 모른다. 영화 '터널'에서 주인공 '정수'가 수십 일을 버티고 극적으로 살아남은 데에는 터널에 갇히기 바로 직전 주유소에서 받은 생수 2병이 있었기 때문이다. 터널 안에 매몰된 주인공은 '만약에 물이 없다면?'의 상황에 딱 놓인 것이다. 아마 이 영화를 보고 나서 비상용 손전등이나 식량, 물 등을 트렁크에 놓아둔 사람도 있을 것이다. 영화는 논픽션이지만, 바로 이런 '만약'이라는 것은 현실에서 벌어질 수도 있는 일이다.

쇠똥구리는 약 1억 1,500백만 년 전 최초로 탄생한 것으로 추정된다. 당시 생태계는

쇠똥구리 〈내셔널 지오그래픽 채널 영상 캡처〉

공룡이 지배하던 때였다. 쇠똥구리는 공룡이 배설한 큼직한 똥으로부터 수분과 영양분을 섭취하였다. 그런데 아시다시피 어느 시점에 공룡이 멸종이 된다. 공룡은 약 2억 5천만 년 전에 출현하여 6천 5백만 년 전 멸종하기까지 꽤 오랜 기간 생존했었다.

쇠똥구리에게 공룡의 멸종은 주식主食이 사라진 것으로 일생일대의 위기였다. 그때 다양한 쇠똥구리의 종들 중에서 공룡의 똥만 편식했던 종들은 공룡과 함께 사라졌고, 다른 동물의 똥도 먹었던 쇠똥구리들은 생존하게 되었다. 이 내용은 체코 팰라키대 동물학과, 호주 커먼웰스 과학기술연구회 소속 국립곤충박물관, 퀸스랜드공대 지구환경생물과학대 공동연구팀이 쇠똥구리 화석과 현존하는 풍뎅이 450여 종의 DNA를 분석하여 2016년 5월 4일 자연과학 국제학술지 「플러스원PLUS One」에 발표한 연구결과이다.

이 연구는 상당히 중요한 의미를 준다. 쇠똥구리가 멸종하지 않았던 이유는 편식하지 않았던 것인데, 반대로 모든 쇠똥구리들이 오로지 공룡의 배설물에만 의지했었더라면 공룡이 멸종할 때 함께 멸종했을 것이다. 아주 오랜 세월 동안 공룡 배설물을 소화하기에 적합하도록 적응하며 진화해왔기 때문이다. 우리의 삶에도 이 교훈은 유효하다.

'OOO가 없다면? OOO가 사라진다면?'이라고 하는 가정을 해보는 것이다. 때로는 말도 안 되는 터무니없을 것 같은 상상을 하면서. 만약, 쌀이 없어진다면? 바나나가 없어진다면?

바나나 막걸리, 바나나 초코파이 등이 선풍적인 인기를 끌었던 적이 있었다. 그런데 놀랍게도 실제로 바나나가 멸종될 위기에 처했다면 믿을 수 있겠는가?우리가 먹는 바나나는 캐번디시종으로 유통량의 95%를 차지한다. 어떻게 단일 종이 이렇게 절대적인 점유를 할 수 있었을까? 예전에는 그로스미셸이라는 종이 더 달고 맛있고 덜 상해서 인기를 끌었지만, 그만 파나마 병이라는 전염병에 의해 멸종된다. 그래서 어쩔 수 없이 대체상품으로 오늘날까지 이어져 오고 있는 바나나가 바로 씨 없는 캐번디시종이다.

농장주들은 1980년 다양한 품종 재배를 유통업계에 줄기차게 요청했지만 거절당한다. 가장 큰 이유는 상품성이 없다는 점. 그 후로도 그런대로 캐번디시종은 잘 팔려나갔다. 하지만 1990년대 들어 위기가 시작되었다. 과거 그로스미셸종을 멸종시켰던 곰팡이균의 변형으로 트로피칼 레이스4라는 질병이 말레이시아에서 발병한 것이다. 그로스미셸종이 1903년 질병이 발생해 멸종 선고가 내려진 1965년까지 약 60여 년의 시간이 걸린 것을 감안하면 이제 새로운 질병이 발생한 지도 30년이 다 되어간다. 과거보다 더 광범위하고 빠르게 사람들의 왕래가 빈번한 현재와 미래를 생각하면 멸종에 이르는 시간이 과거보다 더 단축될 가능성도 없지 않다. 안타까운 것은 캐번디시종이 독점을 하고 있는 상황에서 이를 대체할 뚜렷한 종이 없다는 점이다. 당장의 상품성만을 쫓아 종의 다양성을 외면한 대가를 톡톡히 치러야 할지 모른다. 다양성의 공존은 그만큼 중요하다.

로마는 다민족 국가다. 뛰어난 예술 감각과 과학적, 인문학적 소양을 가진 그리스인, 건실한 체력과 충성심을 가진 게르만족, 건축·조각·회화·공예 등 탁월한 조형 기술을 가진 에트루리아인, 비옥한 토양을 기반으로 해상권을 장악하여 경제적 풍요를 가진 카르타고인을 포용했기에 로마는 강성할 수 있었다. 더 이상 말할 필요 없는 미국은 태생부터 이민자의 나라이다.

천년 동안 세상을 지배해온 로마와, 세계 제일의 국가경쟁력을 가지고 있는 미국의 공통점을 한 단어로 말하면, '다양성의 존중'이다. 성공 요인이었던 '다양성'을 외면하면 어떻게 되는지 역사가 말해 준다.

병충해가 걸려도 종의 다양성이 있었다면 경쟁과 진화의 원리에 의해 자연은 생존할 것인데, 인간의 탐욕(플러스Plus 사고)이 화를 자초한다. 쇠똥구리의 생존과 바나나의 위기에서도 알 수 있듯이 편식은 그 대상이 사라질 위기에 처했을 때 그것에 의지하는 비중이 클수록 함께 공멸할 위험이 상존한다. 무언가 하나에만 의존하고 의지할수록 그것이 없어졌을 때의 상실감은 크다. 대안이 있어야 한다. 편식은 대안을 찾아 낼 수 있는 눈을 멀게 한다.

앞만 보고 빨리 달리면 주변의 중요할 수도 있는 정보를 놓칠 수 있다. 만약 ○○○이 없어진다면? 눈에 보이는 것들을 머릿속에 그리면서 하나 둘씩 없애보라. 그것이 없는 자리에 무엇이 들어올 수 있을까? 인공지능과 과학기술의 발전으로 과거 또는 현재에 각광받던 직업도 미래에는 상당수가 사라질 거라고 한다. 우리는 거기서 한발 더 나아가야 한다. 어떤 일 또는 직업이 없어진다면? 나는 지금부터 무엇을 해야 할까? 무엇을 준비해야 할까?

빼는 생각을 하라. 그래야 대안이 보이고 준비를 할 수 있으며 오래도록 생존할 수 있는 기회가 보인다. 이 질문 하나가 미래의 어느 시점에선 생존의 갈림길을 만들 것이다.

불필요한 손실 빼기

이익을 얻고자 하는 것과 손실을 줄이는 것은 어떻게 다를까? 이익을 얻기 위해서는 뭔가 새로운 일을 벌여야 가능하다. 반면 손실을 줄이는 것은 이미 벌어지고 있는 것에서 불필요한 부분을 찾아 개선함으로써 현상을 유지하는 차원에 가깝다. 경우에 따라서는 손실을 줄이는 것을 이익으로 보기도 한다.

경기가 불황일 때 보통 기업이 가장 먼저 하는 일은 신사업을 일으키거나 마케팅 비용을 늘려 매출을 증대시키기보다는 소위 마른 수건을 쥐어짜듯 경비 절감부터 한다. 그게 현실적으로 더 용이하기 때문이고 눈앞에 보이기 때문이다. 개인도 마찬가지이다. 뭔가 새로운 것을 얻거나 새로운 일을 꾸미는 것보다 당장 가시적으로 성과를 얻을 수 있는 방법은 손실을 줄이는 것이다.

구멍 이 뚫린 항아리는 아무리 물을 부어도 채워지지 않는다. 노력과 자원이 엉뚱한 곳으로 새어나가는 부분을 찾아야 한다.

홍학은 한 발로 서서 잠을 잔다. 왜가리나 물떼새, 심지어 오리도 곧잘 한 발로 선다. 자세히 관찰해보면 대체로 다리가 긴 새들이 외다리로 서 있는 모습을 볼 수 있다. 왜 새들은 한쪽 다리로 서 있는 걸까?

외다리로 서 있는 홍학

학창 시절 가장 곤혹스러운 시간 중 하나가 매주 월요일 아침 조회시간이었다. 교장 선생님의 에코까지 가미된 마이크 음성의 훈화를 듣다보면 그렇게 졸릴 수가 없었다. 게다가 어찌나 말을 길게 하는지 부동자세를 취하고 이른 아침부터 계속 서 있는 것은 고역이었다. 그때 자연스럽게 나오는 행동이 바로 짝다리를 짚는 거다. 체중을 번갈아 옮겨 가면서 한쪽 발에 힘을 주고 다른 발은 힘을 빼면 그나마 피곤함이 덜 했다. 누가 가르쳐 주지 않아도 알아서 하는 행동이다. 얼핏 두 다리에 힘을 균등하게 주고 있는 것이 더 안정적일 것 같지만 문제는 장시간 같은 자세를 취하게 되면 피곤을 느끼고 지루해진다. 그래서 본능적으로 몸을 한쪽으로 움직여서 '균형'을 깨뜨린다. 장시간 운전을 하다 보면 졸리는 이유는 차 안의 산소가 부족해지는 것도 있지만, 변함없이 같은 자세로 운전을 해서 혈액순환이 잘 안 되기 때문이다. 그래서 본능적으로 일부러 목을 젖히거나 손으로 머리를 주물러 주어서 주위를 환기한다.

새가 가느다란 긴 다리로 서는 것은 어찌 보면 불안한 중심 잡기처럼 보이겠지만, 새의 입장에서는 여러 모로 쓸모 있는 행동이다.

추운 겨울에 새들이 가장 필요로 하는 것은 에너지 손실을 줄이는 것이다. 새들은 인간처럼 항온동물이므로 체온을 일정하게 유지하는 일은 생명을 유지시키는 것과 같다. 새는 아래 발목이 유달리 뭉툭한데 이곳은 피의 순환이 이루어지는 일종의 열 교환소이다. 차가운 물에 잠긴 발에 모여 있는 피는 이곳을 거치면서 더 온도가 높은 동맥 피의 열을 받아 데워진 후 온몸을 순환한다. 그래서 아무리 추운 겨울이라도 새들은 동상에 걸리지 않는다.

한쪽 다리를 접어서 깃털 속에 감추고 한 다리로 서 있는 이 작은 행동 하나가 새의 생존을 위해서는 너무도 긴요한 일이다. 두 다리에서 하나의 다리를 접는 '마이너스Minus' 행위는 생체대사의 효율을 높이며 새들의 생존을 유지시킨다.

단순해질 때까지 빼고 또 빼라

어떤 대상이 단순하다는 것은 판단에서 시행착오를 줄일 수 있도록 표현된 정보의 양이 적다는 것을 의미한다. 단순한 건 일단 쉬워 보인다. 생각할 수 있는 가짓수가 그만큼 한정되기 때문이다.

커뮤니케이션에서 중요한 것이 바로 이 단순함이 가지는 간결함이다. 전달하는 내용이 길고 복잡해질수록 상대방은 집중력에 한계를 드러낸다. 반면 아무리 복잡한 내용도 단순하게 표현한다면 이해도가 높아진다. 효율적인 커뮤니케이션은 많은지식을 자랑한다고 잘되는 게 아니다. 상대의 이해를 빠르고 쉽게 하는 것이 효과적인 커뮤니케이션이다. 개인 사이에 친밀하게 나누는 사적인 대화가 아니라면 대부분의 커뮤니케이션은 상대를 이해시키고 설득하기 위함이다. 그러기 위해서 가장 절실한 것이 단순함의 간결성이다.

단순함의 간결성을 이루려면 불필요한 것들을 과감히 빼고 더 이상 뺄 수 없을 때까지 빼고 또 빼야 한다. 단순하게 만드는 것이 복잡하게 만드는 것보다 어렵다. 하지만 그 '어려운' 노력의 대가는 크다.

다음 4개의 문장이 설명하고 있는 주인공은 누구일까?

▶ 1974년생, 올해 한국 나이로 44살이지만 여전히 동안童顏인 늙지 않는 고양이

▶ 자산가치 약 1조 5천억 엔(약 20조 원)

▶ 담배와 술을 뺀 나머지 모든 종류의 산업에 두루두루 쓰이는 캐릭터

▶ 빌 게이츠가 2000년대 초반 6조 원에 디지털 판권을 사고자 했으나 거절

우리가 익히 알고 있는 고양이 캐릭터 '헬로키티'이다. 놀라운 건 3년 전 여름, 이 캐릭터를 고안한 일본 디자인 회사 산리오Sanrio가 당초 동물이 아닌 사람(어린 소녀)으로 만들었다고 실토를 했다는 점이다. 양쪽 볼에 나 있는 세 가닥의 털은 귀 밑의 털이라고 밝혔다.

헬로키티

하지만 세상은 사실(fact)대로 이뤄지는 것이 아니다. 믿는 대로 살아가는 게 현실이다. 그래서 키티가 원래는 사람이었다고 해도 여전히 정체성은 고양이로 살아가고 있다. 당시 미국의 개 캐릭터인 '스누피'가 큰 인기를 끌었는데, 개 캐릭터에 맞서기 위해 다른 종인 고양이로 기획했다는 얘기도 있다. 어쨌든 일본 사람들은 특히 고양이를 좋아한다. 키티Kitty라는 이름은 동화 '이상한 나라의 앨리스'에서 등장한 하얀 고양이 이름을 따왔다.

헬로키티는 어떻게 탄생되었을까?

헬로키티는 산리오Sanrio의 디자이너 시미즈 유코가 고안했다. 처

음엔 산리오도 디자이너 시미즈 유코도 이 캐릭터의 성과물에 대해 큰 기대를 하지 않았다. 장차 완성될 캐릭터는 그저 저렴한 비닐 동전 지갑 겉면에 인쇄되어 나갈 것이기 때문이었다. 당연히 캐릭터에는 이름도 붙이지 않았다. 물론 규모야 어쨌든 대중 앞에 상품으로 내놓는 것이기에 전혀 신경을 쓰지 않은 것은 아니지만, 시미즈 유코는 '큰 욕심'을 내지 않고 작업을 했다. 어느 정도 완성을 하고 나니까 너무 단순해서 성의 없어 보일 것 같다는 생각에 오른쪽 귀에 빨간 리본을 달았다.

이렇게 세상에 나오게 된 이름 없는 고양이 캐릭터는 의외로 관심을 끌었다. 하지만 사람들은 이름 없는 고양이를 딱히 뭐라 부를 수가 없자 동화 '이상한 나라의 엘리스'에서 주인공이 기르던 하얀 고양이 '키티Kitty'와 같은 이름으로 부르게 되었다.

키티가 예상외로 인기를 끌자 산리오는 그 후 키티의 쌍둥이 여동생 미미를 비롯해서 아빠, 엄마 등 가족 캐릭터를 5종이나 새롭게 추가했다. 이때 헬로키티라는 제품군을 칭하는 명칭이 생겼다. 그 중 처음에 만든 고양이는 키티화이트로 불렸다. 하지만 다른 캐릭터들은 키티화이트의 그늘에 가린 채 빛을 보지 못하고 사라져 오늘날에는 키티 하나만 남게 되었다. 일상적으로 키티화이트를 헬로키티로 부른다.

이제 40대 중반이 되는 헬로키티는 각종 첨단 문화산업의 치열한 각축전에서도 여전히 건재하다. 그렇다면 왜 이토록 헬로키티가 대중에게 변함없이 사랑을 받고 있는 것일까?

그 주요한 요인은 한마디로 **단순함에 있다.

** 실제로 '헬로키티'를 만든 시미즈 유코가 2016년 7월 14일 서울 코엑스에서 열린 '서울 캐릭터 · 라이선싱 페어'에서 헬로키티의 장수인기 비법을 본인 스스로 '심플함'이라고 했다.

헬로키티는 없는 게 있다. 입이다. 평범하기 그지없는 작은 두 눈, 동글동글 넓적한 얼굴에 쫑긋한 귀, 통통한 몸매의 키티는 어떤 느낌을 줄까? 무엇보다 입이 없는 것은 어떤 의미와 효과를 줄까? 입이 없다는 것은 말을 하지 못한다는 것, 결국 듣는 데 치중할 수밖에 없는 태생적인 구조를 안고 있다. 사물과 인형에게 생명을 부여하며 자연스럽게 역할 놀이를 하는 어린 소녀들은 키티가 자신의 얘기를 잘 들어줄 것이라고 생각하지 않았을까? 아이들의 눈으로 보면 어른들은 TV를 보지 마라, 찌찌 먹지 마라, 밖에서 너무 많이 놀지 마라… 등 온갖 하지 말라는 잔소리를 하는 훼방꾼이다. 오죽하면 '꼭두각시 인형 피노키오 나는 니가 좋구나~'하는 동요가 나오겠는가! 디자이너 시미즈 유코가 의도적으로 입을 그리지 않았다고 단정할 수는 없지만 일본인들의 아기자기하고 단순한 것을 좋아하는 특유의 문화를 생각했을 때 알게 모르게 영향을 받지 않았을까 싶다.

일본에는 전통적으로 '아네사마 인형'이라고 하는 색종이 인형이 있다. 일본 전통의상을 입은 종이인형은 팔과 다리 없이 얼굴과 몸통만 있는 게 특징이다. 아주 오래 전 10대 시절에 일본 여자와 펜팔을 주고 받은 적이 있었다. 그때 선물로 책갈피 두 개를 받았는데, 일본 전통 옷인 기모노를 입은 인형이었다. 팔이나 다리가 없는(생략된) 단출한 디자인이었던 것으로 기억한다. 일본 인형을 자세히 보면 얼굴의 이목구비 또한 절대 과하지 않고 최소한 간결하게 표현하는 것을 볼 수 있다.

디자이너 시미즈 유우코도 이런 일본 문화의 영향을 어느 정도는 받았을 것으로 예상할 수 있을 것이다. 사실이 어쨌든 세상에는 의도치 않았거나, 모르고 한 행동이 의외로 좋은 결과를 낳을 때가 있다. 바로 헬로키티가 그런 경우다. 입이 없는 키티의 귀가 더 도드라지게 보이고, 작은 눈은 왠지 슬퍼 보이기도 한다. 크고 화려한 눈에 늘씬한 몸매의 인형에 비하면 결점 투성이인 키티에게 왠지 자꾸만 관심이 간다. 하지만 이런 질문도 나올 법하다.

"왜 바비 인형처럼 키티와 정반대인 캐릭터는 사랑을 받는가?" 그것은 인간 마음의 한 영역을 차지하는 또 다른 포지션을 가지고 있기 때문이다. 사람은 현재의 자신보다 더 예뻐지고 싶고, 더 뛰어난 능력을 가지고 싶은 욕망이 있다. 그래서 마징가, 태권 V, 슈퍼맨, 베트맨 등이 변함없이 인기가 있다.

하지만 또 한편으로는 위로 받고 한없이 기대며 마음을 편하게 나누고 싶은 대상도 필요하다. 헬로키티는 그런 면에서 후자에 속할 것이다. 완벽주의자보다는 뭔가 부족한 사람에게 마음이 다가가는 것처럼, 아이들도 뭔가 부족해 보이는 헬로키티가 좋은 것이다.

나는 가끔 그림을 그리는데, 사실적으로 자세히 그리는 것보다 간결하고 뭔가 모자라게 그리는 것이 훨씬 어렵다. 그래서 복잡하고 화려하게 보이는 것보다 쉽고 간소하게 표현하는 것이 더 수준 높은 단계라 믿는다. 편집의 고통을 가장 잘 아는 사람은 수 백일 동안 찍은 필름을 단 2시간 분량만 남기고 버려야 하는 영화감독일 것이다. 글을 쓰는 것도 마찬가지다. 초고를 쓰고 나서 내용을 늘려 나가는 것보다 불필요한 것을 버리는 일이 더 어렵다.

"Every child is an artist. The problem is how to remain an artist once we grow up."

- Pablo Picasso

모든 어린이는 예술가다. 문제는 어른이 된 후에 어떻게 하면 어린이처럼 예술가로 계속 남아 있는가 하는 것이다."

복잡하면 일단 이해하기가 어렵다. 그 폐단은 본질을 가리는 데 있다. 전달하고자 하는 핵심 메시지가 알려질 기회조차 사라진다. 본질이 없는 게 아니다. 보지 못하도록 가려질 뿐이다.

일의 완성도는 복잡성과 반비례한다. 뭔가 복잡해 보인다면 아직 완성 단계에 이르지 못했음이다. 피카소는 어린이의 눈으로 세상을 바라보며 그림을 표현하는 데 자신의 평생이 걸렸다고 말했다. 우리는 어른이 되고 나서 원래 어릴 적 가졌던 아이의 순수함과 호기심을 잃어간다. 우리는 부족해서 문제가 있는 것이 아니다. 오히려 넘쳐서 문제다. 무언가를 새롭게 추구하는 것이 아니라, 불필요하게 흘러넘치는 것들을 빼야 어린이들의 순수한 세계로 되돌아 갈 수 있다.

집중하지 않을 부분을 버려라

공부는 집중력에서 좌우된다. 남들과 똑같은 장소, 똑같이 주어
진 시간에 똑같은 선생님에게서 강의를 들어도 주의가 산만하다면
머릿속에 남는 건 없다. 공부할 때 하고 놀 땐 논다는 말은 공부와
휴식을 분리한다는 거다. 반대로 공부와 휴식이 분리되지 않으면 아
무리 많은 시간을 자리에서 보내도 역시 머리에 남는 건 없다.

'분리'를 잘 할수록 집중력은 높아진다. 잘 떼어내고 잘 버릴수록 힘
을 쏟을 대상은 좁혀지기 때문에 적은 힘으로도 높은 효율을 얻게
된다.

조립식 블록 게임의 대명사 레고는 시대를 초월해서 키덜트족이
생겨날 만큼 아이들뿐만 아니라 어른들에게도 인기가 있는 국민상
품이다. 나 역시 딸아이가 레고를 너무 좋아해서 사준 블록 시리즈
만 30여 가지에 달할 정도이다. 집, 자동차, 사람, 동물, 배, 비행기,
각종 주방 도구들, 카툰, 영화나 애니메이션에 나온 세트장 등…. 못
만드는 게 과연 있을까 싶을 정도로 레고가 만들어내는 주제는 무궁
무진하다. 1932년 덴마크에서 탄생한 레고는 블록 형태로 떼었다 붙
였다를 무한 반복할 수 있는데, 어느 정도 난이도가 있지만 완성했

레고 '스테파니의 비치하우스' 화면 캡처 http://www.lego.com/ko-kr/friends/explore/beach

을 때의 성취감은 이루 말할 수 없을 정도의 기쁨으로 충만해진다.

　레고는 1982년에는 조립식 블록 장난감 시장의 80%를 점유하면서 절정을 이루었다. 그러다 1994년 매출이 하강하기 시작했는데, 소니 플레이스테이션, 컴퓨터/비디오 게임 등과 같은 신종 기기의 출현으로 아이들이 점차 레고를 버리고 이들로 갈아타기 시작했기 때문이다. 마치 레고는 첨단 IT 기술로 무장한 기기들에 비해 케케묵은 전통 놀이도구로 전락한 느낌이 들 정도였다. 게다가 1988년 레고가 독점으로 가지고 있던 '상호결속블록' 특허가 만료되면서 기다렸다는 듯이 유사제품을 출시하는 경쟁사의 출현이 빈번해졌다. 결국 레고는 회사 창립 이래 최초로 1998년 영업적자를 기록하였고 직원을 대량 해고해야 했다. 그 후 회사를 다시 일으켜세울 전략으로 레고가 택한 것은 Plus 사고의 전형인 '사업다각화'였다. 전 세계 각지에 레고 랜드를 세우고, 영화와 게임산업, 출판 시장, 아동복 시장까지 진출했다. 게다가 여러 모양으로 응용하여 만들 수 있는 일반 블록 외에 특정한 모양으로만 조립할 수 있는 특수 블록 생산을 늘리기 시작해서 2004년에는 기존 6천여 개의 블록이 최대 1만 4천여 개로 대량 증폭되었다. 상호 호환이 안 되는 특수 블록의 증가는 당연히 제조원가를 높였고, 계속되는 아이들의 외면 속에서 레고 호는 점점 침체를 거듭하기에 이르렀다.

2003년 역대 최대 영업 손실을 겪으며 침몰 직전까지 간 레고는 처음으로 내부가 아닌 외부로부터 36세의 젊은 구원투수인 크누스토르프를 CEO로 영입하였다. 그가 단행한 혁신의 핵심은 '빼는 생각'이었다. 대외적으로는 그동안 트렌드를 쫓느라 다각도로 벌여 놓은 비핵심 사업들을 정리하며 레고 랜드도 점차 매각을 단행했다. 안으로는 부품 수를 현재의 반 이하로 줄였다. 디자이너 관점의 성취 욕구를 충족하기 위해 제품을 디자인하지 않고 소비자의 눈높이로 돌아가 레고 본연의 '연결성'을 회복하였다.

"더 적은 것이 더 많은 것이다."

크누스토르프가 남긴 말이다. 결과는 눈에 보이는 성과로 드러났다. 2015년 매출 약 6조 원, 약 2조 원에 달하는 영업이익은 34.2%로 구글의 영업 이익률 25.8%보다 높고, 페이스북 34.7%와 대등한 수준이다. 레고는 탄탄한 알짜배기 기업으로 완전히 재탄생하며 8년 만에 매출은 4배, 영업이익률 8배, 직원은 3배로 늘면서 외형과 내실 두 마리 토끼를 잡으며 레고 신화를 다시 쓰는 데 성공하였다.

레고의 위기 극복 사례에서 우리가 배워야 할 것은 무엇인가?

내가 무엇을 잘하는지 모른다면, 반대로 잘하지 못하는 것부터 하나 둘씩 제거해보라. 무엇을 잘하지 못하는지조차 알지 못한다면, 그만큼 새로운 시도와 경험이 부족하기 때문이다. 늦지 않았다. 지금이라도 관심 가는 분야부터 문을 두드려라. 때로는 관심이 가지 않는 분야에서도 길을 찾을 수 있다. 중요한 건 열린 마음이다. '나는 이것만 할 거야', '난 그런 건 안 해'라고 생각할 수 있지만, 처음부터 스스로 장벽을 치며 자신의 잠재력과 가능성의 시험대를 제한할 필요는 없다.

누구나 자신만의 주력 분야가 있다. 그것을 찾지 못하도록 하는 수많은 방해 요소들을 가려내지 않으면 어떤 길을 가야 할지 알기란 어려운 일이다. 만약 비주력 분야에 쏟는 시간들이 주력 분야에 쏟는 시간보다 적다면 앞의 시간은 줄이고 뒤의 시간은 늘려나가야 한다. 카메라에 비유하면, 화면에 들어오는 대상 하나하나 모두를 주인공으로 캡처하는 다중초점 방식보다는 단 하나의 대상에 초점을 맞추고 나머지는 흐릿하게 처리하는 아웃포커싱이 낫다. 중심이 되지 않는 부분은 과감히 버려야 중심을 돋보이게 한다. 오목렌즈는 빛이 분산되지만, 볼록렌즈는 한 곳에 빛을 모음으로써 에너지를 발생시킨다.

빼기에 능숙한 동물의 생존 원리

　동물은 인간과 달리 문화나 예술 활동을 하지 못한다. 오로지 '생존'에 적합하도록 진화하는 데 초점이 맞춰져 있다. 물론 원숭이나 개들도 놀이를 좋아하긴 하지만, 그 정도로 인간과 비교하기에는 무리다. 하지만 동물은 인간보다 본능적이고 원시적인 생존 방식에 더 능숙하다. 동물이 나오는 다큐멘터리가 유익한 점은 그들의 생존 방식을 인간의 삶에 투영함으로써 생존 전략과 삶의 지혜를 얻을 수 있기 때문이다. 그 중에서 '마이너스Minus' 관점으로 동물의 생존의 원리를 보면 흥미로운 사실들이 꽤 많다. 이제 그 세계를 들여다보자.

　우수한 두뇌로 창의력을 발휘하고 불모의 환경마저도 바꾸며 생존하는 인간과는 달리 주어진 자연환경에 맞추면서 적응하는 쪽으로 발달한 동물들은 각자 자신의 신체 일부를 변화시킴으로써 생존한다. 동물들의 생존 비결의 대원리는 '에너지 손실을 줄이는 것'이라고 할 수 있다.

낙타

    물 한 방울 없는 한낮의 뜨거운 사막을 며칠씩 걸어야 하는 낙타
는 어떻게 버틸 수 있을까? 흔히 포유류는 항온동물이라고 알려져
있다. 그런데 낙타는 포유류이지만 주변 온도에 따라 자신의 체온을
변화시킨다. 항온동물의 단점은 주변 온도에 상관없이 늘 일정한 체
온을 유지하기 위해서 소모하는 에너지가 많다는 점이다. 더운 여름
에는 온도를 낮추기 위해서 땀을 배출하여 수분을 소모시키고, 겨울
에는 체온을 유지하기 위해서 에너지를 더 많이 소모시킨다. 반면 낙
타는 주변의 온도가 높을 때는 체온을 덩달아 올리고, 온도가 낮을
때는 체온을 떨어뜨린다. 물을 조금이라도 덜 빼앗기기 위해서다.

    2016년 2월 개봉되어 큰 인기를 끈 애니메이션 가족 영화 '주토
피아Zootopia'를 보면 아주 느릿한 말투와 행동을 하는 나무늘보가 등
장한다. 마치 영사기를 감는 속도를 몇 배나 느리게 한 것 같은 착각
을 불러일으킬 정도다. 덕분에 큰 웃음을 자아냈던 이 느리기 선수

나무늘보도 낙타와 같은 방식으로 체온을 조절한다. 대략 24℃에서 33℃까지 체온이 변하는데, 나무늘보는 거의 움직이는 일이 없다. 그래서 땀을 흘릴 일도 없다. 고온다습한 환경에 딱 적합한 것이 '느리기'라는 걸 나무늘보는 잘 안다.

나무늘보

나무늘보처럼 행동이 느리지는 않지만 겨울잠을 많이 자는 곰의 생존 비결도 흥미롭다. 추운 겨울철이 되면 곰은 주로 바위틈이나 고목에 생긴 굴속에서 겨울잠을 잔다. 본격적인 겨울나기를 하기 위해 사냥을 잔뜩 해서 우선 몸집을 불리고, 햇볕이 내리쬐는 화창한 날에 젖은 몸을 말린다. 그러다 눈이 오기 바로 직전에 굴로 들어간다. 그래야 자신의 발자국을 남기지 않을 수 있기 때문이다. 체온은 떨어지고 호흡과 맥박도 줄어든다. 이 모든 게 에너지 소비를 줄여 긴긴 겨울을 나기 위한 치열한 생존법이다.

약 5,000만 년 된 화석이 존재할 정도로 박쥐가 멸종되지 않고 오래 살아남을 수 있었던 비결은 무엇일까? 박쥐의 선조는 열대지방의 야행성으로 고슴도치, 두더지, 뾰족뒤지와 같은 식충류에서 진화

곰

박쥐

했다고 한다. 그러고 보니 이들은 입이 뾰족하고 어두운 피부색이 서로 비슷하다.

박쥐는 활동하는 시간보다 휴면과 동면을 하는 시간이 더 많다. 휴면 중인 박쥐는 주변 온도에 가깝게 체온을 낮춤으로써 에너지 손실을 줄인다. 한참 활동 중인 박쥐는 분당 500~1000회 정도의 맥박수를 유지하지만, 휴면 중에는 평소의 1/10로 떨어지고, 겨울잠을 잘 때는 거기서 또 1/10로 떨어뜨린다. 곰처럼 먹을 것을 잔뜩 뱃속에 채우지 않고도 박쥐가 오랜 시간 동안 아무것도 하지 않고 버틸 수 있는 원리는 '에너지 손실의 최소화'에 답이 있다.

이처럼 동물들은 생존하기 위해서 에너지 소비를 줄이는^(Minus) 전략을 구사한다.

　한편 사냥에 성공할 확률을 높이기 위해서는 에너지 소비를 줄이는 방어적 방식이 아닌 적극적인 방식으로 진화하기도 한다.

　인간처럼 얼굴 앞면에 붙어 있는 크고 부리부리한 두 눈, 각종 귀여운 캐릭터 이미지로 익숙한 올빼미는 사실 새들에겐 무섭고 두려운 존재이다. 낮보다 밤에 활동하는 사람을 올빼미 같다고 하는 말이 있는 것처럼 올빼미는 철저한 야행성이다. 어두컴컴한 야밤에 활동하려면 무엇보다 시력과 청력이 발달했을 터. 올빼미는 사람보다 약 10배 정도 시력이 좋다. 사람처럼 눈이 전면에 달려 있어 눈이 양옆에 있는 다른 조류들보다 시야각은 좁지만 대신 사물을 집중해서 입체적으로 볼 수 있다. 그만큼 눈에 비치는 피사체와의 거리감을 재는 능력도 탁월하다. 사람보다 2배 정도 넓은 귓구멍은 어둠속에서도 미묘한 소리를 잘 포착해낸다. 하지만 제아무리 뛰어난 시력과 청력을 가졌다 한들 하늘에서 지상으로 다가가는 동안 발생하는 소음으로 자신의 존재감이 쉽게 드러난다면 사냥에 성공할 가능성은 낮아진다. 그렇다면 야간에 주로 활동하는 맹금류 올빼미는 굶어 죽어야 할 텐데, 생존하는 데에는 어떤 비결이 있을 것이다.

　그 비결은 날 때 '소리를 내지 않는 것^(Minus)'에 있다. 그 원리는 깃털에 있다. 날

올빼미

개의 가장자리는 톱니바퀴 모양으로 갈라져 있는데, 전체적인 모양은 곡선으로 이루어져 있다. 매우 가늘고 솜털처럼 부드러운 이 깃털이 공기의 흐름을 조절해서 소용돌이 또는 와류를 방지한다. 그 결과 소리 없이 나는 비행이 가능해진다. 게다가 몸에 비해 커다란 날개는 다른 새들보다 날개를 젓는 횟수를 줄일 수 있어 소음을 최소화하는 적은 날갯짓으로도 조용한 비행이 가능하다. 그래서 올빼미는 레이더에 걸리지 않는 스텔스 비행기처럼 지상의 동물들에겐 공포의 대상이다. 올빼미 눈에 한번 눈에 띈 사냥감들은 이런 뛰어난 방음 능력을 가진 올빼미에게 눈치 한번 채지 못하고 쥐도 새도 모르게 순식간에 먹이가 된다.

사족을 빼라

어떤 일을 할 때 불필요함에도 일을 벌여서 그르칠 때 흔히 '사족^{蛇足}'이라는 말을 쓴다. 사족^{蛇足}의 유례는 중국 춘추전국시대로 거슬러 올라간다.

초나라 장군 소양^{昭陽}이 위나라를 공격하고 다음으로 제나라를 치려 하자, 제나라 진진^{陳軫}이 소양^{昭陽}을 찾아와 다음과 같은 일화를 들려주었다.

어느 날 초나라에서 제사 일을 하는 사람이 제사를 끝내고 남은 술을 하인들에게 나눠주자 그 중 한 사람이 제안을 했다.

"보아하니 술이 그리 풍족하지 않으니, 한 사람에게 몰아주면 어떻겠소?"

"그거 좋은 생각이오. 그렇다면 좋은 생각이라도 있소? "

"뱀을 가장 먼저 그린 한 사람에게 술을 몰아주는 것이 어떻소?" 그러자 사람들은 이구동성으로 그러자고 했다. 술을 독차지하려는 욕심으로 사람들은 저마다 열심히 뱀을 그리기 시작했고, 어느새 벌써 그림을 완성한 사람이 술병을 집어 들고는 "나는 시간이 남아서 이렇게 발까지도 그렸다오."라며 승리를 자축하듯 크게 웃으면서 말했다.

그러자 한 사람이 재빨리 술병을 뺏으며 말했다.

"세상에 다리가 있는 뱀이 어디 있단 말이오? 내가 그린 뱀이 진정한 뱀이요. 그러니 이 술은 내가 가져가야 겠소."

진진陳軫은 이야기를 끝내고 소양昭陽에게 조심스럽게 얘기했다.
"장군께서는 이미 초나라를 얻으셔서 부귀영화를 누리실 기회를 잡았는데, 작은 제나라에서 무엇을 또 얻으시려고 하십니까? 만약 혹시라도 제나라와 싸움을 해서 실수라도 하게 된다면 사족蛇足을 그리려다가 이미 이룬 것마저 잃게 되는 사태가 발생할지도 모르지 않겠습니까?"
진진陳軫의 말을 가만히 듣고 있던 소양昭陽 장군은 그의 말을 받아들이고 군대를 철수했다.

우리는 늘 무언가를 자꾸만 덧붙이거나 새롭게 추가하려는 생각을 하기 쉽다. 보고서 하나를 작성할 때도 "뭔가 빠진 게 없을까?" "뭘 더 덧붙이면 좋을까?"라는 생각을 주로 한다. 접견이나 미팅 자리에 나올 때는 "미처 하지 못한 말이 있었는데⋯." "그 말을 했어야 했는데⋯." 라고 생각한다. 일상적인 사고방식이다.
그보다는 반대로 생각하면 어떤가?

"빼도 되는 것은 무엇일까?"
"뭘 줄일까?"
"하지 말아야 할 말은 무엇일까?"

프랑스를 넘어 전 세계의 젊은 영혼들을 일깨워준 20세기 불후의 명작 『어린 왕자』를 쓴 대문호 생 텍쥐페리는 말했다.
"완성이란 덧붙일 게 없을 때가 아니라, 뺄 게 아무것도 없을 때 이루어진다."

이런 사상을 가장 잘 따른 사람이 스티브 잡스이다. 그는 광고기획 회의에 관여하며 최종 의사결정을 직접 할 정도로 마케팅에 매우 관심이 높았다.

마케팅에서는 광고를 제작할 때 사람들에게 30초도 안 되는 짧은 시간에 내용의 의미를 명확히 인지시키기 위해서는 전달하는 메시지를 최소화하는 것이 원칙이다. 하지만 완벽에 가까운 '심플'의 대명사인 그도 일하는 과정에서 자주 실수를 했는데, 이와 관련한 유명한 일화 하나가 있다.

스티브 잡스가 광고계의 거장 TBWA 샤이엇데이^{Chiat Day}의 크리에이티브 디렉터인 리클로우^{Lee Clow}와 iMac 광고를 검토하던 중이었다. 그런데 제품의 특징을 설명해 줄 기능을 얼마나 넣을지를 두고 논쟁이 벌어졌다. 리클로우는 대표적인 기능 한 가지만 광고에 넣는 것이 최선의 선택이라고 주장했지만, 스티브 잡스는 5가지 정도는 충분히 전달되어야 한다고 생각했다. 잡스가 조금도 양보할 기미가 없자, 리클로우는 수첩에서 종이 5장을 찢어서 공처럼 구겼다. 그리곤 그 중 하나를 잡스에게 던졌다. 잡스는 쉽게 잡아서 다시 리클로우에게 던져주었다. 그러자 리클로우는 이번엔 5개 전부를 한꺼번에 던졌다. 잡스는 단 한 개도 잡지 못하였고 종이로 만든 공은 바닥에 아무렇게나 나뒹굴었다. 결국 잡스는 리클로우의 아이디어를 인정할 수밖에 없었다.

사람은 습관적으로 평소에 잘 쓰는 근육만 쓴다. 평소 운동을 안 하는 사람이 산을 타면 그 다음날 몸살이 나지만, 산을 자주 타는 사람은 멀쩡하다.

우리가 평소에 사고하는 방식인 플러스^{Plus} 사고가 그렇다. 빼는 사고는 어색할 수밖에 없다. 평소에 잘 쓰지 않았던 방식이기 때문이다. 하지만 늘 하던 대로 살아간다면 삶의 변화는 오지 않는다. 말은 쉽지만 행동이 잘 따르지 않는 이유는 아무리 그것이 작다고 하더라도 '의도적인 노력'이 뒤따라야 하기 때문이다. 아이가 '엄마'라는 단어를 최초로 말하기 전까지는 셀 수 없이 반복적으로 엄마라고 말하고자 하는 시도가 '의도적'으로 행해졌기 때문이다.

'의도적인 노력'은 '의지'에 달려 있고, 그 의지는 실천으로 이뤄진다. 하지만 대부분은 '의지'와 '실천' 사이가 길기 때문에 연결이 안 된다. '의지'와 '실천' 사이를 벌리는 것은 계산, 망각, 느긋함, 핑계와 같은 생각이다.

버려야 산다

우리는 살기 위해서 끊임없이 무언가를 얻지만, 반대로 버리는 것을 잘 해야 생존이 가능하다.

기존의 관습, 관행, 정설, 규칙을 파괴하라.

-살아남은 것들의 비밀, 이랑주(샘터)

일본에서 가장 유명한 온천 휴양지 중 한 곳인 큐슈의 유후인에는 100년이 넘은 고로케 가게가 있는데, 이보다 인기 있는 타코야키 가게가 있다. 비결은 크기에 있다. 동지죽 새알만한 크기의 일반 타코야키와 달리 이곳의 타코야키는 야구공만한 크기로 일명 '폭탄 타코야키'라고도 한다.

100년이 된 가게를 이기는 법은 새로운 규칙을 만드는 것이고, 그러기 위해서는 기존의 성공법칙을 깨는 데서 비롯된다.

다트머스대 터크경영대학원 교수이자 혁신 전문가인 비제이 고빈다라잔Vijay Govindarajan은 35년간 기업의 성공 비결을 연구해왔다. 그는 『The three box solution』이라는 저서를 통해 기업의 장기 생존을 위한 핵심 요소를 미국의 100년 장난감 제조 기업 '해즈브로Hasbro,

Inc'의 연구 사례를 들어 3가지 상자의 개념으로 설명한다. 첫 번째 상자는 '보존의 상자'로서 이익이 나는 주요 사업을 지속적으로 운영하는 것을 말하고, 두 번째 상자는 '파괴의 상자'로서 시대에 맞지 않아 버려야 하는 낡은 관념이나 이념들을 말한다. 마지막 세 번째 상자는 '창조의 상자'로 혁신적이고 창의적인 아이디어로 도전을 멈추지 않음을 말한다. 그는 이 3가지 상자의 성공 원리를 힌두교 신화에서 가져왔다고 한다.

힌두교에는 우주를 유지 보존하는 신인 '비슈누Vishnu'가 있다. 자비로 세상을 구원하는 수호신이다. 파괴의 신 '시바Shiva'는 상서로운 존재라는 의미로 세상의 파괴자이자 재창조를 관장한다. 힌두교 창조의 신 '브라흐마Brahma'는 범천梵天이라는 이름으로 불교의 불법佛法을 수호하는 신이기도 하다. 기업도 이 신들처럼 유지, 파괴, 창조의 요소를 함께 가지고 있어야 존속할 수 있다는 것이 주된 내용이다.

이것은 1970년대 초 보스턴컨설팅그룹Boston Consulting Group에 의해 기업 경영전략 수립을 하면서 사업 포트폴리오(Business Portfolio)를 짤 때 활용하는 분석 기법인 'BCG 매트릭스'의 내용과 닮은 구석이 있다.

BCG 매트릭스에는 수익성과 성장성이 커서 관심을 가지고 계속 투자해야 하는 스타star와, 성장률은 낮지만 기본적인 수익이 보장되는 캐시카우Cash Cow, 아직 시장이 형성되지 않은 초기의 신사업으로

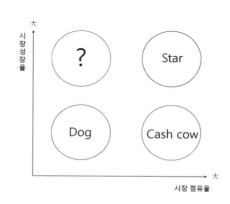

미래가 불투명한 물음표^(Question Mark), 성장성도 없고 수익성도 떨어지는 사양사업이라고 할 수 있는 도그^{Dog} 이렇게 4개가 있다. 비제이 고빈다라잔^{Vijay Govindarajan} 교수의 3개의 상자와 대비시켜 보면 보존의 상자는 캐시카우^{Cash Cow}, 파괴의 상자는 도그^{Dog}, 창조의 상자는 스타^{Star}와 물음표^(Question Mark)로 연결시킬 수 있다.

여기서 두 번째 상자인 '파괴의 상자'(Dog에 해당)에 주목해보자. 대개 혁신과 창조를 강조하는 경우는 많지만, 보존해야 할 것과 더불어 파괴하고 없애야 하는 부분은 잘 거론되지 않는다. 그런데 비제이 고빈다라잔 교수는 유지-파괴-창조라는 이 3가지를 동시에 말한다. 즉 유지와 함께 '파괴'를 빼놓고서는 창조를 말할 수 없다는 의미로 해석할 수 있다. 실제 버리는 것(파괴)을 잘 하지 못할수록 나중에 커다란 위험에 빠지는 경우가 많다.

세상은 소프트웨어의 중요성이 커져만 가고 있는데, 여전히 하드웨어에만 주력하는 방향을 버리지 못하였고, 중저가 폰에만 머무는 마케팅 전략을 버리지 못해서 한때 세계 1위를 차지하다 바닥으로 몰락한 노키아가 그 예이다. 기존부터 잘 해오던 '성공 경험'을 버리지 않아서 소프트웨어와 고가폰 성장의 큰 흐름이 노키아의 심장부로 들어올 여지를 막아버린 것이다.

반대로 기존의 주력 사업을 과감하게 정리하고 분야를 좁히고 집중해서 생존해 나가는 기업도 있다. 반도체를 필두로 한때 주력 핵심 제품이었던 TV 사업을 발빠르게 포기하고 의료와 조명 등의 분야에 집중한 필립스가 그 예이다. 2014년 기준으로 이미 두 분야의 매출 비중은 75%가 넘을 정도이다.

기업은 움직이는 생명체와 같다. 기존 방식을 버리지 않고 모두 쌓아두면서 새로운 분야에 진출해 성공하기는 쉽지 않다. 여러 사업을 두루두루 하는 기업이 한 분야만 전문적으로 파는 기업을 당해내기는 쉽지 않다.

창조적 파괴라는 말도 있듯이 창조와 파괴는 별개가 아니다. 창조엔 반드시 파괴가 함께 따른다. 2007년 9월 미국지질조사국(USGS)은 'E7'이라는 이름을 붙인 큰뒷부리 도요새 암컷의 이동 경로를 추적했다. 이 실험으로 도요새는 무려 11,500km를 일주일간 단 한 순간도 먹지도 않고 쉬지 않으며 논스톱 비행하는 것이 밝혀졌다. 최장 비행기록이다. 도요새는 떠나기 전에 폭식을 통해 많은 지방을 몸에 비축하는데, 그렇다고 무거운 몸으로 비행할 수는 없으므로 위와 내장, 간, 신장 등을 약 25% 가량 줄임으로써 비행할 때 에너지 손실을 줄일 수 있다고 한다.

버려야 산다. 그것이 길게 가는 비법이다.

회의懷疑 없는 회의會議

회의가 효율적이지 못하면 회의懷疑만 드는 경우가 많다. 최악의 경우 일이 단순해지고 명료해지는 게 아니라 더 복잡해진다. 많은 사람들이 참여한 아까운 시간들이 사장된다. 어떻게 하면 의미 있는 회의를 할 수 있을까?

스티브 잡스가 애플로 복귀하기 전에 몸을 담았던 '픽사Pixar'는 애플 주식을 팔아서 생긴 돈으로 원래 루카스필름의 컴퓨터 그래픽 팀을 따로 떼어내 인수한 회사이다.

그후 토이 스토리로 화려하게 부활한 잡스는 디즈니랜드로부터 지속적인 계약을 따내며 우호적인 관계를 이어 나갔다. 픽사Pixar를 키운 잡스는 2006년 디즈니에 7.4억 달러에 매각하고 덤으로 디즈니 주식 지분을 8%나 얻는다. 애플에서 잡스가 고작 연봉 1달러를 받고도 살아갈 수 있던 데에는 이미 먹고 살기에 넘치는 경제적 기반을 갖췄던 것이 영향을 주었다.

국내 최초로 1천만 관객을 탄생시킨 애니메이션 영화 '겨울왕국', 약 500만 관중을 모은 '인사이드아웃' 등 시장에 내놓는 족족 대중의 인기를 사로잡는 픽사가 만드는 창의적인 작품의 힘은 어디서 나오는 걸까? 스티브 잡스와 함께 픽사를 공동 설립한 애드 캣멀은 그 성공 비결을 '브레인트러스트Braintrust'로 꼽는다. 브레인트러스트는 픽사의 핵심 구성원들과 영화감독 및 제작팀이 참여하는 회의 시스템이다. 브레인트러스트에는 일반 회의에 없는 것들이 있다.

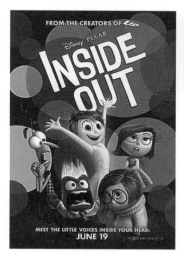

▲ 픽사 https://namu.wiki/

◀ 영화 '인사이드아웃' (Pixar) 포스터

첫째, 지위에 따른 권위 의식이 없다.

회의에 참여하는 인원은 8명 정도이다. 당연히 그 안에서는 직급과 지위가 서로 상이한 구성원들이 모인다. 하지만, 높은 지위를 내세우지 않고 이슈를 해결하거나 아이디어를 내는 데 힘을 쏟지 자신의 의견을 밀어붙이는 일은 없다.

둘째, 보고하고 보고받는 형식이 없다.

정해진 형식, 정해진 문서 양식이 따로 있지 않다. 회의체에 들어온 이상 누구나가 수평적인 관계로 대등하게 자신의 생각을 솔직하게 나눈다. 문서를 예쁘게 꾸미고 자료를 채우고 편집하느라 시간을 허비하지 않는다. 진도를 체크하고 실적을 점검하지 않는다.

이때 체득한 회의 문화는 훗날 애플에도 지대한 영향을 미쳤다. 다시 애플로 돌아온 스티브 잡스가 회의를 할 때 특유의 거침없는 폭언에 가까운 직설을 퍼붓는 때가 있었다. 시장 상황을 설명하기 위해 준비해온 각종 현황과 조사 자료를 프레젠테이션하는 상대를 만날 때이다. 아무리 많은 시간을 들였어도 스티브 잡스에게 그러한 노력은 쓰레기에 불과했다. 그가 오로지 관심 있는 것은 주제에 대한 생각을 나누는 토론이지 보고받는 형식이 아니었다. 그래서 애플은 다른 회사처럼 그 중요한(?) 시장조사를 하지 않았다. 회사 내부에서 치열하게 고민해서 내린 결정이 시장에 어떤 영향을 줄지 테스트를 하는 법도 없었다. 오로지 스스로를 믿을 뿐이다.

셋째, 지시가 없다.

보통 회의 마지막에는 상급자가 각자 To-do 리스트를 하달하는 것으로 끝을 맺지만, 여기서는 모두가 수평적 관계이므로 누가 지시를 내리는 일은 없다. 다만, 자신이 할 일이라고 생각되면 책임감을 가지고 임할 뿐이다.

회의를 잘 하기 위해 무엇인가를 해야 할지를 ^(Plus) 생각하는 것보다는 기존의 회의 방식에서 무엇을 **빼야** 할지를 ^(Minus) 생각해야 한다. 회의가 한결 활기 넘치고 효용이 있는 회의로 탈바꿈될 것이다.

잘 보려면 속도를 늦춰라

자유롭게 살기를 원하면
네 시간의 속도를 늦춰라.
일을 적게 하는 대신 그 일을 잘 끝내라.
진심어린 일은 완전하게 이루어진다.

꿈이 이루어지길 원하면
네 시간의 속도를 늦춰라.
작게 시작한 일이 더 위대한 결과에 이른다.
소박한 일은 성스럽다.

매일매일 하나하나씩
네 비밀을 천천히 쌓아 올려라.
매일매일 너는 진실해질 것이며
하늘의 영광을 알게 되리라.

- 아시시의 성 프란체스코 -

신경림이 엮은 책 제목 『딸아, 외로울 때는 시를 읽으렴』에 소개된 '네 시간의 속도를 늦춰라'(걷는 나무) 라는 시이다. 시인은 꿈을 이루는 데 필요한 것으로 '삶의 속도를 늦추는 것'을 주문한다. 경쟁하며 한시의 여유도 없이 삶을 바삐 살아가는 현실의 삶과는 반대 방향이다.

쉴 시간이 없을 때가 바로 휴식이 필요한 순간이다.

- 시드니 J. 해리스

삶의 속도를 줄이는(Minus) 사고는 이처럼 문학에서도 자주 등장한다. 속도를 줄였을 때 얻는 효용은 크다. 등산할 때 도착점을 향해 앞만 보고 빨리 걷는 '목표 지향'보다는 시간을 따로 정하지 않고 숲의 나무, 꽃, 바람을 음미하면서 주변을 찬찬히 둘러보는 '과정 지향'이 정신 건강에 더 좋다. 속도를 높여서 자동차를 운행하면 자연스레 앞만 보게 된다. 시야각이 좁아진다. 다들 바쁘게 열심히 사는 것 같지만 가까이 들여다보면 '생각' 없이 사는 경우가 많다. 속도를 늦출 때 생각할 겨를도 생긴다.

생각을 해야 인생의 전환점을 만날 계기를 만날 수 있고, 생각을 해야 현재 나의 포지션을 점검해볼 수 있다. 내가 책을 쓰는 것도 인생의 속도를 줄이는 데서 비롯되었다. 쳇바퀴처럼 굴러가는 삶이 어느 순간 나를 지배한다고 생각했을 때, 가던 길을 멈추고 스스로에게 질문을 했다. "나는 왜 여기에 있는 거지?" "앞으로 10년 후에도 지금 이 자리에 있을까?" "30년 50년 동안 계속해서 할 수 있는 일은 무엇일까?" 등의 철학적인 질문이 40대 초반에 뒤늦게야 흘러 나왔다. 그 질문에 대한 답은 나는 무엇을 좋아하는지, 나는 무엇을 잘 할 수 있는지에 대한 질문으로 이어졌다. 그래서 스무살 때 자발적으로 일 년여 동안 일기를 썼던 때를 떠올리고 글쓰기를 좋아했던 나를 되찾았다. 그래서 틈틈이 글을 쓰게 되면서 작가라는 또 다른 길이 열렸다.

멈춤이 없는 속도만을 추구하는 삶은 브레이크 없이 달리는 기관차와 같다. 지금 열심히 가는 길에서 잠시만 속도를 줄이고 나를 돌아보는 시간을 반드시 갖도록 하자.

'100-zero(백-제로)'

　　마이너스Minus 사고법은 비즈니스 '아이디어'를 내는 데도 큰 도움이 된다. '비즈니스'라고 하면 나와 동떨어진 먼 영역이라고 생각하기 쉽지만 결코 그렇지 않다. 자신이 하는 일과 상관없이 가장 가까이 늘 따라다니는 것이 비즈니스이다. 비즈니스의 시작은 아이디어에서 비롯된다. 아이디어가 있어야 비즈니스를 하고 싶은 욕망이 생긴다. 한 해 동안 250만 명 이상이 입사지원서를 내는 기업, 이세돌과 알파고와의 대결로 인공지능이라는 불에 휘발유를 부었던 기업, 미래에 가장 촉망됨과 동시에 가장 위협적인 기업, 바로 세르게이 브린과 래리 페이지가 만든 구글이다.

　　대학 선후배 관계인 이 둘은 스탠퍼드대학 시절 전 세계를 하나로 연결시키는 월드 와이드 웹(www)에 흥미를 가지고 흩어진 정보를 모으고 연결시켜 주는 일에 큰 관심을 가졌다. 인공지능 분야의 최고 권위자인 위노그래드 지도교수는 래리페이지의 이름을 딴 '페이지링크'(검색결과를 원문의 인용 횟수에 점수를 매겨 링크 형식으로 나열)라는 획기적인 검색 방식을 보고 페이지에게 이걸 가지고 어떻게 돈을 벌 것인지 질문했다. 돌아온 대답은 "잘 몰라요."였다. 더 정확히 말하면 처음부터 이들은 오직 자신의 원대한 꿈을 실현시키는 데에만 관심이 있었을 뿐, 아이디어를 가지고 돈을 버는 데에는 관심조차 없었다.

아이디어는 눈덩이와 같다. 눈을 열심히 굴리다 보면 어느새 눈사람을 만들 수 있는 커다란 눈덩이가 된다.

아이러니하게도 비즈니스맨들이 가장 간절하게 갈구하는 대상이 아이디어이다. 돈도 있고 빌딩도 있는데, 정작 아이디어가 없어서 뭘 해야 할지 모르는 사장님들이 의외로 많다. 이 책의 주제인 '마이너스 씽킹Minus Thinking'은 나의 첫 번째 책 「아이디어 큐레이션」에서 제시한 관점의 이동, 확장, 수축이라는 3개의 큰 사고의 틀 중 하나인 '수축'에 대해 더 깊고 자세히 펼친 것이다.

다음은 필자가 세계 최초로 자동차 산업에 제안하는 아이디어이다. 이로써 자동차 산업이 내세우는 주된 관점이 바뀐다면 더할 나위 없이 보람된 일일 것이다. 자동차는 속도, 연비, 토크, 마력과 같이 플러스Plus 방향일수록 높게 평가되는 '성능'도 중요하지만, 생명과 직결된 '안정성'처럼 마이너스Minus 방향의 성능도 중요하다. 왜 '안정성'을 '마이너스Minus'로 보는지 설명하자면 이렇다.

자동차 성능의 바로미터인 '제로-백'. 이것은 속도 0km/h에서 100km/h의 속도에 도달하는 데 걸린 시간으로 작으면 작을수록 성능이 뛰어난 것으로 평가한다. 제로-백이 추구하는 것이 0에서 출발해서 100까지 올라가기까지 걸리는 시간을 단축하는 개념이라면 그 반대의 개념을 생각해 볼 수 있다. 그것을 '백-제로(100 Zero)'라 부르기로 하자. 이것은 시속 100km/h에서 0km/h까지 속력이 줄어드는 데까지 걸리는 시간이다. 제로-백이 자동차의 힘을 강조한 것이라면 백-제로는 안전을 강조한 것이다. 아직까지는 디자인과 함께 자동차의 주행 성능을 주로 강조하다 보니 이와 같은 '안전 개념'을 쉽게 떠올리지 못하는 것 같다. 만약 어떤 제조사가 먼저 이 개념의 의미와 유용성을 포착하고, 마케팅에 최초로 도입한다면 어떻게 될까? 가령 이런 카피와 함께.

'제로-백 3.1초
생명을 지키는 골든타임
○○○자동차'

새로운 개념의 이미지 선점은 물론, 자동차의 가장 기본 성능인 잘 달리는 것 못지 않게 잘 멈출 수 있어야 한다는 것을 최초로 인지시키며 사람들의 머릿속에 브랜드를 각인시킬 수 있을 것이다. 어쩌면 제로-백을 단축시키기 위해 경쟁을 벌일지도 모른다. 소비자들 입장에서는 즐거운 관람이 될 것이다.

자동차 오너라면 최소한 몇 번씩은 위험했던 순간들이 있었을 것이다. 그 상황은 대부분 어떤 경우일까? 아마 속도를 내지 못해서라기보다는 갑작스런 상황에서 속도를 급감하지 못해서일 것이다.

아무리 반사적 감각이 뛰어난 사람이라도 상황을 인지하고 반응하기까지는 어느 정도 시간이 걸린다. 그래서 사람을 대신할 자율주행차가 미래 교통수단의 대안으로 부상하고 있는 것이다. 실제 지금까지 여러 실험 결과 자율주행차의 사고율은 인간보다 훨씬 적다. 어쨌든 위급한 상황에서 속도를 최대한 빠르게 줄여서 동시에 안전하게 멈추는 능력이 필요하다. 물론 물리역학의 원리에 의해서 속도가 높으면 높을수록 멈추는 데 걸리는 시간은 길어질 수밖에 없다.

200km/h의 속도로 달리던 자동차가 0.5초만에 멈출 수는 없을 것이다. 설령 그렇게 된다면 관성의 법칙에 의해서 차체가 날아갈지도 모른다. 현재 수준에선 멈추는 데 필요한 최소한의 적정(?) 시간이 필요할지도 모른다. 하지만 아주 다급한 경우라면 전투기처럼 자동차 뒤쪽에서 낙하산이 터져 공기 저항을 최대한 많이 받게 할 수 있을 것이다. 에어백이 충돌을 전제로 한 피해를 최소화하는 후속 대처라면 백-제로는 충돌을 사전에 방지하는 예방책이다.

어쩌면 어느 미래에는 초고속으로 이동하던 UFO가 순간 정지, 순간 이동하는 것처럼 우리의 교통 수단도 지금과는 판이하게 다른 모습이 될 것이다.

'안전'은 자동차만 중요한 게 아니다. 대부분의 일상 생활용품이 '안전'에 연관되어 있다. 이 '안전'에 대한 포지셔닝을 어떻게 무엇으로 가져갈 수 있을까?

그 답은 '마이너스Minus'에서 얻을 수 있다. 유해한 요소를 줄이고, 없애라.

그리고 나서 '있음'을 강조하지 말고 '없음'을 강조하라.

Chapter 04

빈 공간이
에너지를 만든다

대도무문大道無門! 군부 통치를 끝내고 최초로 문민정부의 대통령이 된 고 김영삼 대통령이 즐겨 쓰던 제호이기도 하다. 출전은 선종무문관禪宗無門關으로 大道無門 千差有路 透得此關 乾坤獨步대도무문 천차유로 투득차관 건곤독보에서 비롯되었다. 해석하면, "큰길엔 문이 없으나 천 갈래 길이 있다. 이 관문을 통과하면 하늘과 땅을 혼자 걷게 된다."는 의미다.

큰길은 큰 뜻 또는 큰 포부를 의미하고, 문은 그것을 가로막고 방해하는 세력과 힘겨운 환경 또는 필히 거쳐야 하는 과정을 상징한다. 하지만 어떤 일을 하든 앞을 가로막는 장애가 없는 경우는 거의 없을 것이다. '대도무문'은 큰 뜻을 품고 앞을 나아가는 데 있어 어떤 장애에도 굴복하지 않고 뜻을 관철시키겠다는 의지의 표상이다.

세상에서 가장 무거운 문은 무엇일까? 그것은 천 톤 무게의 철문도 아니고, 만 톤 무게의 갑문도 아니다. 그것은 닫힌 마음의 문이다. 마음의 장벽을 제거하지 않으면 보아도 보이지 않고, 들어도 들리지 않는다. '대도大道'로 들어가기 위해서는 장벽이 되는 마음의 빗장을 풀어야 한다. 그 빗장을 풀기 위해서는 마음에 간극이 있어야 한다. 간극은 틈이다. 틈은 에너지이다. 무언가로 가득 채워져 빈틈이 없는 곳에는 생명이 깃들지 않는 법이다. 음악이 아름다운 것은 쉼표가 있기 때문이고, 그림과 사진이 예술 작품으로 인간에게 감동을 주는 이유는 상상의 여지를 남겨두었기 때문이다. 딱딱하게 굳어진 메마른 땅에서는 나무가 자라지 않는다.

흙속의 무수한 틈이 있어야 뿌리가 숨을 쉴 수 있다.

하후상박 下厚上薄

세상을 상上과 하下로 나눠보자. 지상에서 하늘로 높이 올라갈수록 산소는 희박해지고 기압은 낮아진다. 나무는 위로 올라갈수록 두께가 얇아진다. 세계 불가사의 중 하나인 피라미드는 위가 뾰족한 사각뿔이다. 사다리는 위로 올라갈수록 좁아진다. 높은 자리일수록 차지할 수 있는 자리는 적다. 동물의 먹이사슬은 천적이 적은 강자일수록 개체수가 적다. 자연이든 인간 세상이든 모두 하후상박 下厚上薄이다.

이러한 이치를 어길 경우는 어떻게 될까? 높을수록 작아지고 엷어지는 게 이치라면, 높은 지위에 오를수록 과욕을 비워야 한다. 그렇지 않으면 그 무게로 인해 바닥으로 내려올 수밖에 없다. 비행기가 높이 날려면 연료를 태워서 버려야 한다. 높을수록 가벼워야 하고, 가벼워야 높이 날 수 있다.

樹木等到花 謝才能結果 수목등도화 사재능결과
江水流到舍 江才能入海 강수류도사 강재능입해

나무는 꽃을 버려야 열매를 맺고
강물은 강을 버려야 바다에 이른다

- 화엄경

세상에 꽃이 핌과 동시에 열매를 맺고 있는 경우는 없다. 꽃이 떨어진 자리에 열매를 맺는 법이다. 하지만 꽃이 핀다고 모두 열매를 맺는 것은 아니다. 벌이 머물지 않으면 꽃이 지더라도 열매를 맺지 못한다. 나무의 입장에서는 꽃을 버리는 것이지만 그 꽃은 벌에겐 생존의 열매와 다름없다. 한 차원 더 높은 단계로 도약하기 위해서는 무언가를 버리지 않으면 안 된다.

버려야 할 것은 무엇인가? 그것은 선택의 집중을 위해서 포기해야 할 기회이거나 과욕일 수 있다. 또는 눈앞에 놓인 달콤한 이익을 위해서 부정을 행하는 일이다.

작은 성공을 이루기 위해선 더하는 것이 주효하지만, 원대하게 성공하기 위해서는 버리는 것이 더 중요하다. 버리지 않고서는 결코 이상치에 다다를 수 없다. 하후상박의 이치를 잊지 말아야 한다.

단순함의 원리

단순함과 복잡함 중에서 하나를 택하라고 하면 아주 특별한 경우가 아니면 당연히 단순함을 택할 것이다. 복잡한 설명이 아닌 쉬운 설명, 복잡한 문제가 아닌 쉬운 문제, 미로 같은 길이 아닌 구획이 잘 정리된 길, 애매모호한 태도가 아닌 확실한 표현, 여러 번 갈아타지 않고 한 번에 가는 편, 기능이 많고 사용법이 어렵게 된 게 아닌 필요한 최소한의 기능과 매뉴얼 없이도 직관적으로 사용할 수 있는 장치를 우리는 선호한다.

왜 사람들은 단순한 것을 선호할까? 그것은 인간의 본능 때문이다. 그 본능이란 과소비를 조절하는 방향으로 작용한다. 그럼에도 어떤 일에 힘을 쏟는 것은 본능을 누르는 이성적인 의도가 가미되기 때문이다.

복잡하고 어려운 것은 그것을 이해하는 데 힘과 시간을 빼앗기고, 그것을 설명하는 것 또한 힘이 든다. 육체적으로나 정신적으로나 힘을 많이 쏟으면 피곤해진다. 게으른 것이 인간의 본능이라면 부지런함은 후천적인 노력을 통한 습관이다. 인간은 이성의 힘을 빌리지 않고 본능만으로도 충분한 삶을 살아갈 때 편안함을 느낀다. 반대로 이성이 본능을 방해하면 행복감은 줄어든다. 10분만 더 자면 좋을 텐데, 늦었으니 일어나라는 이성이 작용하는 뇌의 명령이 달콤한 단잠을 깨운다. 먹고 싶은 치킨 앞에서 머리는 다이어트에 해가 되니 참으라고 하지만, 입은 간절히 원한다. 물론 본능에 충실하게 산다고 공중도덕과 사회윤리를 어지럽히면서 남에게 해를 끼쳐도 된다는 의미는 아니다. 인간은 피로도를 줄이고 이기적인 행복감을 얻기 위해서 본능을 따르려는 경향이 있는데, 그 방법의 하나가 단순함을 선호한다는 이야기를 하는 것이다. 그렇다면 이런 2차 질문이 나올 수 있을 것이다.

"단순함을 따르면 좋은 점은 무엇일까?"

그것은 삶을 살아가는 데 필요한 생존 능력을 갖추는 데 있다. 무슨 얘기인가 하면, 우리 뇌는 아무리 복잡한 것들도 핵심을 정리하고, 압축해서 간단히 요약하려는 성질이 있다. 책을 보며 공부를 할 때나, 강사의 강연을 들을 때에도 긴 글, 긴 말을 자신의 방식으로 요약하고 간추려서 재해석하는 것이다. 왜 그런 행위를 하는 것일까? 그것은 복잡하고 어려운 것을 간단하고 쉽게 바꿈으로써 뇌가 더 잘 기억할 수 있도록 하기 위해서다.

유명한 맛집엔 반드시 어떤 원리가 있다. 맛집에는 공통점이 있다. 물론 음식 '맛'이 뛰어난 건 기본이다. 내가 그동안 여러 맛집을 다녀본 결과 내린 결론은 맛집이 갖춰야 할 생명은 메뉴의 구성이라는 점이다. 그것도 심플하게. 지금 당장 당신이 떠올릴 수 있는 맛집은 무엇인가? 아마 대부분 가게 상호는 바로 떠오르지 않더라도 대표 메뉴는 떠오를 것이다.

맛집은 절대로 메뉴 구성을 복잡하게 하거나 가짓수를 늘리지 않는다. 메뉴는 통일성 있게 한두 가지로 구성하되 그 안에서 종류를 다양화 할 뿐이다. 물론 맛있는 칼국수 집에 가면 칼국수뿐만 아니라 만두, 떡국 등 다른 메뉴들도 함께 판다. 하지만 그 집에서 가장 잘나가는 메뉴는 대개 한두 가지에 한한다. 나머지 메뉴는 보조 메뉴로서 구색을 맞추기 위함이다. 어떤 음식점에는 오로지 양념갈비 그것도 돼지갈비만 전문으로 하는 식당도 있다. 메밀국수를 전문으로 하는 전주의 한 음식점은 여름철이 되면 번호표를 뽑아야 할 만큼 인기가 좋다. 역시 줄을 서서 먹는 담양의 유명한 숯불갈비집에는 메뉴는 몇 가지 정도 되지만 십중팔구 사람들 테이블에는 숯불 돼지갈비만 놓인다.

여기서 한 가지 의문이 들 것이다.

그렇게 요리를 맛있게 잘 하면 다른 메뉴도 역시 맛있게 잘 할 텐데, 왜 한 가지 음식에만 집중하는 것일까? 다른 메뉴를 함께 취급해야 다양한 소비자의 기호를 맞추어 손님을 놓칠 기회 상실에 대비할 수 있는 것 아닐까?

맛집이 하나의 대표 메뉴에 집중하는 데에는 과학적인 원리가 숨겨져 있다. 음식점 입장에서는 당연히 다양한 메뉴 구색으로 많은 소비자들의 입맛을 맞추고 싶을 것이다. 하지만 그것은 철저한 공급자적 관점일 뿐, 소비자의 관점에서 생각하면 완전히 다른 해석이 나온다. 음식점 입장에서는 자신의 가게가 하나일 뿐이지만, 소비자에겐 여러 음식점 중 하나일 뿐이다.

사람은 망각의 동물이다. 시간이 지나면 아무리 유명한 가게 이름도 잊혀진다. 하지만 잊혀지지 않는 것이 있으니 '맛'이다. 감각으로 체험한 기억은 오래 남는다. 그래서 맛집을 떠올릴 때 음식 메뉴를 먼저 떠올리고 그 다음에 그 메뉴를 가장 잘 하는 식당을 떠올린다.

사람의 머릿속을 들여다 보면 영역별로 지도가 펼쳐진다. T.O.M^{Top of Mind} 순위별로 1~3위 정도가 기억에 남게 된다. 아니 3개도 많다. 대부분은 1~2개 정도일 것이다. 만두는 ○○만두, 떡갈비는 ○○…. 이런 식으로 베스트 1~2위를 점유하는 아이템이 기억의 영역을 점유하고 있다. 소비자의 기억 저장소 영역에서 상위권을 차지해야만 다시 찾는 매장이 될 수 있다. 그러기 위해서 기본적으로 갖춰야 할 것이 심플함이다. 메뉴 구성이 많고 종류가 다양할수록 시간이 지나가면 사람들의 기억을 점유하기 어렵다. 음식점 입장에서도 메뉴 수를 줄여야 그 메뉴의 맛과 품질에 집중할 수 있다. 그래야 사람의 입맛을 잡을 수 있고, 소비자들은 '오리고기'라고 하면 '○○집' 하면서 떠올리게 된다. 설사 이것도 저것도 다 잘 하는 집이라 하더라도 소비자의 기억은 분산되고 만다.

개인도 이 원리가 적용된다. 어느 한 분야에 정통해야 시간이 지났을 때 자신을 필요로 하는 사람으로부터 부름을 받을 수 있다. "그 사람이 뭘 잘했더라?"라고 생각하게 되면 기회는 오지 않는다.

한 분야에 집중하는 것이 여러 분야에 힘을 분산시키는 것보다 장기적으로는 힘이 덜 든다. 능숙하게 숙달될수록(달인이 될수록) 힘을 덜 쓰더라도 일정한 결과를 낼 수 있다.

에너지 소비를 줄이는 Unplug & UnLink

우리는 단 1분도 빈틈이 없이 SNS로 연결된 세상을 살고 있다. 언제 어디서든 쉽고 빠르게 정보를 생성하고 습득하며 공유할 수 있다. 문제는 부작용도 만만치 않다는 데 있다. 페이스북을 떠나는 사람이 점점 늘고 있는 것도 이와 무관하지 않다. 오프라인 세계에서 주변 사람들의 이목을 신경 쓰는 것도 피곤한 일인데, 온라인 세상에서도 멋진 사진으로 일상의 자신을 포장하고, 공중파 방송보다 더 빠르게 쏟아지는 각종 불편한 소식들에 반응도 해 줘야 한다. 이래저래 쉴 틈이 없다. 과거엔 거절을 잘 못하는 증후군이 있었다면 이젠 관계를 잘 정리하지 못해서 피곤함이 가중되는 시대다.

이동통신업계가 한창 성장하던 90년대 후반~2000년 초반에 "또 다른 세상을 만날 땐 잠시 꺼두셔도 좋습니다."(때와 장소를 가리지 않는 스피드 011)이라는 명 카피가 유행했던 적이 있었다. 어디든 너무 잘 터지기 때문에 특별한 순간에는 꺼야 한다는 자신감을 드러냈던 카피였다. 그런데 이제는 통화가 잘 터지는 건 기본이고, 언제 어디서나 인터넷으로 늘 연결이 되어 있어서 다시 또 한번 강제로 꺼두어야 할 때가 필요한 세상이다.

횡단보도 앞에서 신호를 기다릴 때에도, 식사를 하는 중간에도, 엘리베이터 안에서도, 회식 자리에서도 휴대전화 액정화면은 늘 주인과 눈을 맞추고 있다. 휴대전화가 없을 땐 어떻게 살아 왔는지 놀라울 따름이다. 모바일로 연결된 휴대전화는 언제든 정보를 주고받을 준비가 되어 있다. 그런데 이게 악용되어 퇴근시간 후뿐만 아니라 휴일까지도 개인의 일상이 업무적으로 침해받는 사례가 많아졌다. 오죽했으면 2016년 6월, 신경민 더불어 민주당 의원이 '퇴근 후 업무 카톡 금지법'이라고 하는 근로기준법 개정 법안을 발의했을까?

전원을 끄면 혹시나 부재중 전화로 찍힐까봐 노심초사하고, 왠지 중요할 수 있는 연락을 못 받으면 어쩌나 하는 걱정 때문에 휴대전화는 캄캄한 밤 동안에도 늘 켜져 있다. 상대방과 대화 도중에도 회의 도중에도 휴대전화를 보느라 집중이 안 된다.

연결이 연결을 방해한다. 연결 피로도가 높은 사회에선 인위적으로 전화를 꺼두는 시간을 하루에 일정 부분을 갖는 게 좋다.

핀란드 산업보건연구소 연구팀이 1997~2004년까지 두 번에 걸쳐 영국 성인 남녀 2,214명을 대상으로 근무 시간과 뇌의 상관관계를 연구한 결과에 의하면, 일주일에 55시간 이상 일하는 사람은 40시간 이하로 일하는 사람보다 단기 기억력, 인지 능력 테스트에서 훨씬 낮은 점수를 받았다고 한다. 일을 많이 한 사람은 나이 들어 치매에 걸릴 가능성도 커지게 된다.

이 연구 결과를 우리 삶에 적용시켜 보면, 같은 맥락으로 SNS가 일의 연장 선상을 높이는 데 악용된다면, 당장은 성과로 이어질지 모르나 장기적으로는 오히려 업무 효율을 떨어뜨리는 일이다. 이 시대에 우리에게 필요한 건 단절할 수 있는 용기이다.

때로는 Unpluged(Unlinked) 모드Mode로 전환하고 인터넷에서 접할 수 없는 걸 해보자. 책도 좋고, 대화도 좋고 산책도 좋다. 뭐든 연결된 상태에서 잠시라도 벗어나 보라. 시각과 청각에 집중된 평면의 2차원 화면에서 벗어나 오감이 뛰노는 실제의 3차원 생활로 돌아가도록 하자. 뇌의 긴장을 풀고 휴식을 갖자.

몸은 바로 말하지 않는다. 뒤늦게 증상으로 드러낼 뿐이다. 잠을 자고 난 후 일어나기 힘들다면 그만큼 몸과 뇌는 피로를 많이 느끼고 있다는 반증이다. 상쾌하고 가벼운 아침을 맞고자 원한다면 피로도를 줄여라. 그러기 위해서는 연결을 끊는 약간의 용기가 필요하다.

마음 정리를 잘 하면 일도 잘할 수 있을까?

마음이 홀가분할수록 몸도 따라 가벼워진다. 반대로 마음이 무거울수록 몸은 축 처지게 마련이다. 주변의 정돈된 상태를 보면 그 사람의 마음 상태를 알 수 있다. 고민거리가 많고 머리가 복잡할수록 책상 주변도 정돈이 안 되어 있고 각종 짐들로 가득하다. 단출한 삶을 지향하고 마음을 비운 사람일수록 책상 주변 또한 깔끔하게 잘 정돈되어 있다.

그렇다면 주변 정리가 잘 되어 있는 사람일수록 업무 능력 또한 더 뛰어날까?

미국 플로리다주립대학 연구팀이 32세~84세 성인 남녀 4,963명을 대상으로 책상 주변 정리정돈 상태와 인지능력의 상관관계를 연구 조사한 바에 따르면, 복잡하고 지저분하며 소음이 노출된 환경에서 일한 사람일수록 인지능력이 떨어지는 것으로 밝혀졌다. 그 이유는 무엇일까?

사람은 의식적으로 인식하지 못하지만, 눈에 보이는 것들은 뇌로 전달되어 끊임없이 정보 처리를 한다. 들어오는 인풋 데이터가 많을수록 뇌는 불필요한 일에 에너지를 소모하기 때문에 그만큼 피로도가 클 수밖에 없다. 책상 주위를 책이나, 온갖 잡동사니로 채워야 마음이 안정되는 사람도 있을 수는 있다. 실제로 책상 주위가 너무 텅 비어 있으면 뇌의 비활성도가 커져 오히려 효율이 떨어진다.

하지만 지나치게 많은 물건들을 책상 주위에 두는 것은 뇌의 건강과 업무 효율적인 면에서 바람직하지 않다. 손이 자주 가는 것 몇 개만 남겨두고 단지 전시용으로 장식되고 있는 나머지는 모두 과감히 치워야 한다. 나의 경우는 이전부터 성격상 원래 어지럽히는 것을 싫어해서 책상 주위에 짐을 두지 않는 편이었지만, 연구 결과를 접하고는 그 다음날 바로 책상 위에 컴퓨터 및 노트 필기구를 제외한 모든 잡다한 것들을 깔끔하게 치워버렸다. 그래서일까? 심플해진 주변 환경으로 업무 스트레스도 덜 받는 것 같다.

심플한 삶을 원한다면 먼저 마음을 스스로 움직여라. 그러면 그에 수반한 행동들이 자연스레 따라올 것이다. 물론 거꾸로 아무 생각 없이 주변 정리를 시작으로 마음을 다스릴 수도 있지만, 행동이 마음을 따르게 하는 것보다 마음이 행동을 따르게 하는 삶의 방식이 더 주체적이고 자신의 영혼을 성장시키는 길이다. 명심하자. 인덕은 쌓되 짐은 쌓지 말자.

삶을 단순하게 만드는 메모 이용

메모는 삶을 간소하게 해 준다. 왜 그럴까? 우선 메모는 어떨 때 하는지 생각해보자. 메모는 일을 하다가 갑자기 아이디어가 떠오르거나, 회의를 할 때 중요한 내용이나 잊지 않고 해야 할 일을 기록할 때 한다. 메모가 삶을 간소화 해 주는 이유는 뇌의 부담을 덜어주기 때문이다. 메모를 하면 애써 기억하려 하지 않아도 되고, 잊어버렸을 때 그것을 생각해내려고 스트레스를 받지 않아도 된다.

반대로 메모를 잘 하지 않으면 어떻게 될까? 자칫 중요한 일들을 할 시기를 놓칠 수 있어 곤란을 겪을 수 있고, 시간이 지나면 기억이 가물가물해져 남는 게 없어 삶의 크고 작은 불연속점을 남기게 된다. 메모는 대개 To-do 리스트로 채워진다. 메모 자체가 일을 해결하는 것은 아니지만 메모로 할 일을 옮김으로써 뇌는 기억해야 하는 의무적 압박감에서 해방이 된다. 그만큼 마음이 가볍게 된다.

필자는 메모를 늘 생활화 한다. 메모하지 않으면 아무리 좋은 아이디어도 시간이 지나가면 잊힌다. 메모에서 중요한 건 지우기다. 보통 메모는 하는데, 이미 이뤄놓은 것들은 그냥 놓아둔 채로 지내는 경우가 많다. 그렇게 메모가 쌓이다 보면 시간이 지나면 자신의 실행력이 얼마나 되는지 가늠하기 힘들다.

To do list(할 일)를 만들었다면 그 후엔 List done(한 일)으로 업데이트를 하라. 메모는 채우기로 시작해서 지우기로 완성된다.

나만의 차별점을 만드는 법

경쟁이 치열한 분야일수록 힘의 소모가 큰 법이다. 남보다 더 많은 자원, 더 많은 노력, 더 많은 시간을 쏟기 때문이다. 남과 같은 방식, 같은 생각으로는 경쟁에서 이기기 어렵다. 그렇다고 남이 하는 방식에 늘 촉각을 곤두세우고 분석하기란 여간 피곤한 일이 아니다. 결국 차별화다.

문제는 차별점을 무엇으로 할 것인가가 관건이다. 2가지가 있다. 먼저 남들이 다 하는 방식이 무엇인지 살펴본다. 그러면 그것과 다른 방식을 어떻게 가져가야 할지 방향을 정할 수 있다. 또 하나는 빼는 사고를 활용하는 것이다. 남들이 무언가를 더하기에 열중할 때, 반대로 무언가를 빼는 데 집중하는 것이다.

2014~2015년 시즌 MVP
2015~2016년 시즌 3점슛 성공률 47.2%
한 경기 평균 30.6 득점
최초로 단일 시즌 400개 3점슛 성공
미국 시사주간지 〈타임〉 선정 '세계에서 가장 영향력 있는 인물 100인'에

선정(2016. 4)

  농구 선수로는 단신에 속하는 키 190.5cm인 스테판 커리^{Stephen}
^{Curry}의 이야기로 최근 NBA에서 가장 핫한 선수다. 그는 소속팀 골
든스테이트가 20년 전 농구의 황제라 불리는 시카고 불스의 마이
클 조던이 팀을 이끌며 세운 72승의 기록을 깨는 데 결정적인 기여
를 했다.
  하지만 지금의 눈부신 활약 이전, 한참 성장할 때인 고교시절엔
180cm의 단신으로 슛을 잘 던지는 것 빼고는 이렇다 할 특색을 보
여주지 못했다. 그는 농구로는 무명인 사우스캐롤라이나 데이비슨
대학에 진학하자마자 주특기인 3점슛으로 전미대학농구 득점 2위에
올랐고, 팀을 서부권 1위로 탈바꿈시켰다. 하지만 대학 졸업 후 입단
한 골든스테이트 워리어스가 그를 스카우팅하면서 내린 평가는 냉혹
했다.
  "스테판 커리의 운동능력은 평균 이하다. 팀에 확실한 득점원이
라고 할 수 없으며 드리블도 많이 부족하다. 성장에 한계가 보이는
선수이다."
  하지만 커리는 자신을 비하하는 주위의 평가에도 불구하고 끊임
없이 자신을 단련시켜 나갔다. 결국 그를 가장 빛나게 한 것은 역시
자신의 전매특허인 3점슛이었다. 커리의 3점슛이 다른 선수의 슛과
다른 점은 슛을 쏘기 전 자세를 취하는 릴리즈 타임이 더 짧다는 점
이다. 커리의 릴리즈 타임은 0.4초로 NBA 평균 0.54초에 비하면 상
당히 빠르다. 또 하나 그가 남다른 점은 남들보다 한 두 걸음 뒤에서
슛을 날린다는 점이다. 대개 선수들은 반대로 한다. 정확도를 위해
서 가능하면 3점 라인에 최대한 가까이 다가가 슛을 날린다. 그래서

선을 밟기도 한다. 하지만 커리는 남들보다 더 먼 거리에서 슛을 쏘는 연습을 했고, 그 결과 수비수를 보다 여유 있게 따돌리며 마음껏 3점슛을 날릴 수 있었다. 상대편 선수들은 커리가 슛을 쏘면 곡사포 형태로 멀리 날아가 정확하게 골대 그물을 통과하는 공의 궤적을 그저 넋 놓고 바라만 볼 수밖에 없다. 수비수들은 공격수의 슛 정확도를 낮추기 위해서 몸을 현란하게 움직여 상대의 집중력을 흩뜨리려고 애를 쓰는데, 커리는 수비수들이 미처 다가오기도 전에 먼저 슛을 던지는 것이다. 축구에서 반 박자 빠르게 슛을 날리면 설사 볼의 속도가 빠르지 않더라도 골키퍼가 예측하기 힘들어 미처 막지 못하는 것과 같은 이치이다.

커리는 남들처럼 힘과 스피드를 앞세워 남과 몸을 부딪치며 경쟁하지 않았다. 반대로 경쟁을 피하는 대신 슛을 쏘기까지의 릴리즈 타임을 줄이고(Minus), 남보다 더 먼 거리에서 슛을 던짐으로써 (다른 방법) 수비수가 진형을 갖추기도 전에 이미 승부를 결정지었다.

히든카드로 나만의 매력도를 높여라

장미가 아름다운 이유는 꽃잎이 겹겹이 싸여 신비로움을 간직하기 때문이다. 사람은 상대의 모든 걸 속속들이 안다고 생각할 때 흥미를 잃게 된다. 선물과 택배는 포장을 뜯기 전에 가장 기대감이 크다. 내용물이 빤히 드러나도록 포장도 하지 않은 선물은 감동의 느낌이 덜 전해진다.

흥미로운 소설과 재미있는 영화를 보면 공통된 기법이 있다. 정보를 숨기는 것이다. 정보를 숨기면 (= 빼면) 독자와 관객에게 호기심이 증폭되고 긴장감이 유발된다. 사람은 무언가 모르는 것이 숨겨져 있거나, 알지 못하는 것이 있음을 느낄 때 본능적으로 불안해한다. 불안은 에너지다. 어느 한쪽으로 치우친 것은 역동성을 낳고 역동성은 지루함을 지운다. 시詩도 마찬가지다. 언어의 함축과 생략은 독자로 하여금 자유로운 상상을 하도록 만든다. 이것이 설명문과 가장 큰 차이점이다. 설명문은 저자의 의도를 독자가 오해하지 않도록 구구절절 이유를 단다. 반면 시는 독자가 어떻게 생각하든지 자유롭게 맡겨둔다. 오직 자신의 주관적인 느낌에 충실할 뿐이다. 그러면 독자는 상상력으로 그 빈자리를 메운다.

Made in 20 TTL CF 〈깨진 어항〉 편 −1999년   Made in 20 TTL CF 〈토마토〉 편 −2000년

빼면 누군가는 더한다. 한 번에 모든 걸 다 보여 주는것은 재미 없다. 양파처럼 새록새록 몰랐던 면이 발견되는 사람이 흥미롭다.

011 번호가 있던 시절, SK텔레콤은 1999년 TTL 광고 하나로 기존의 다소 나이든 이미지에서 풋풋한 젊고 새로운 이미지로 변신을 하는 데 큰 성공을 거두었다. 반향을 일으킨 20살의 TTL 광고는 티저teaser라는 기법을 통해서 관심과 호기심을 유발하는 색다름을 소비자에게 전달했다. 내용도 파격이었지만, 신인 광고 모델이 누군지조차 철저히 비밀에 부쳐졌는데, 임은경이라는 소녀가 알려진 건 한참이 지난 후였다. 그녀의 숨은 에피소드에 의하면 당시 고등학생이던 학창시절 친구들이 광고에 나오지 않았느냐고 신문 광고지까지 오려 와서 캐물었지만 광고 컨셉 상 정보가 새어나가서는 안 되므로 시치미를 뗐다고 한다.

대부분의 광고는 몇 십 초에 불과한 짧은 시간 동안 큰 비용을 지불하면서 어떻게든 브랜드를 노출시켜서 메시지를 각인시키려고 안달한다. 그런데 정작 메시지의 핵심을 숨기는 이 광고 기법은 오히려 소비자의 궁금증을 유발한다.

시청자는 공급자가 속사포처럼 쏟아내는 과잉 정보와 강요된 제안에 거부감을 느낀다. 고객의 마음속으로 들어가기 위해서는 힘을 빼고, 당장의 눈앞에 보이는 이익을 줄여야 한다. 그렇게 해서 고객이 받아들일 마음의 준비가 되었을 때 히든카드를 꺼내야 한다.

이 원리를 일상에 적용시켜 보자. 만약 사람을 상대하는 직업이라면, 내가 너무 많은 정보를 한꺼번에 상대에게 전달하고자 했던 것은 아닌지, 말하지 않았어야 할 내용은 없었는지 스스로에게 질문을 해보는 거다. 이메일을 쓰거나 보고서를 작성할 때 불필요하게 전달한 내용 때문에 핵심 메시지가 잘 드러나지 않은 것은 없었는지 질문을 해보라. 상대방이 너무 편해졌다고 맘을 놓다 보니 상대의 기분을 상하게 할 수 있는 말을 하진 않았는지 되돌아 보라.

대화를 하건 보고서를 쓰건, 상담을 하건 간에 모든 일의 끝마무리는 '무엇을 더 전달할 것인가'가 아니라, '무엇을 빼야 할까'이다. 더 이상 뺄 게 없을 때 비로소 엔터를 눌러라.

생각과 상상을 방해하는 PPT

　회사에서 보통 유능한 직원의 기준은 보고서를 잘 만드는 사람이다. 그들이 능력자로 평가되는 이유는 잘못된 평가 방식에 있다. 일의 성과가 마치 폼이 나는 보고서를 만드는 능력과 같다고 착각하기 때문이다. 과연 그럴까?

　오히려 잘 만든(보기에 화려한) 보고서가 사람의 판단력을 마비시킨다. 처음 보는 화려한 도형과 예쁜 도표, 적절하게 배치된 문구와 그림 또는 사진…. 얼핏 보기에 상당한 노력의 정성이 깃든 보고서는 오히려 내용의 오류나 중대한 결함 등을 잘 드러나지 않게 할 수 있다. 겉으로 사람들은 감탄을 한다.

　하지만 그들은 속이 썩은 달걀을 금박으로 포장한 겉면을 보고 있을지 모른다. 인간은 시각을 가장 많이 사용한다. 잠을 잘 때를 빼놓고 하루 종일 두 눈을 통해서 끊임없이 정보를 받아들인다. 발표자의 목소리는 휘발되어 금세 사라지지만 눈앞의 활자와 그림은 사라지지 않는다. 사람이 말보다는 인쇄된 활자를 더 신뢰하는 이유다.

　그런데 보고서라는 건 아무리 큰 틀의 방향이 있다 하더라도 순전히 작성한 사람 또는 편집자의 관점과 의도가 담겨지게 된다. 그리고 대부분의 최고 의사결정자들은 바쁘다는 현실적인 이유로 보고서를 충분히 들여다보고 생각할 여유가 없다. 더 큰 문제는 보고서에 적혀진 범위에서만 판단할 뿐 그 페이퍼paper 밖의, 쓰여지지 않았을 페이퍼에 대해서는 제대로 인지하기가 쉽지 않다는 것이다.

판사는 검사가 기소한 항목들만 심의한다. 다시 말하면 검사가 기소하지 않은 나머지 죄는 심의 자체를 하지 않는다. 영화에서 흔히 검사가 피의자와 심문할 때 형량을 조절해 주겠다고 협상을 하는 것이 과장이 아니란 얘기다. 기소 편의주의이다. 이것은 검사가 기소와 불기소를 판단할 수 있도록 해 독립적 자율성과 전문성을 인정한 면은 있으나 정치적인 판단이 개입될 경우 정당하지 않은 결과를 초래할 위험 또한 상존한다.

발표자가 PPT에 담은 내용이 검사가 기소한 부분에 해당할 것이다. 화려하게 장식된 PPT는 기소하지 않은, 즉 PPT에 담지 않은 내용을 생각하는 것을 방해한다.

2014년 7월 현대카드 정태영 부회장은 PPT 금지령을 내렸다. 처음이라서 강제성은 띠지 않았으나 어느 정도 반향이 있었다. 하지만 여전히 PPT가 완전히 사라지지는 않았다. 그러다 2016년 3월에는 재차 거의 강제나 다름없는 PPT 금지령이 내려졌다. PPT 프로그램 자체를 읽기 전용만 배포한 까닭에 아예 사용 자체를 원천 차단한 것이다. 그로 인한 결과는 어땠을까?

2015년 5월 3일 정태영 부회장이 다음의 페이스북에 올린 글을 보면 그 효과를 예상할 수 있다.

▶ 보고서들이 대부분 한두 장으로 짧아지고 다 흑백이다.

▶ 회의 시간이 짧아졌다.

▶ 논의가 핵심에 집중한다.

▶ '다섯 가지 원칙', '세 가지 구성 요소' 등 PPT 그림을 위해 억지로 만드는 말들이 없어졌다.

▶ 연간 5천만 장에 달하던 인쇄 용지 소모가 대폭 줄기 시작했다. 인쇄 잉크도.

▶ 사람들이 더 지적으로 보인다.

임원이나 최고 직급에 오른 사람일수록 쉽게 헤어나오지 못하는 한 가지 달콤한 것이 있다. 그것은 바로 '보고서'이다. 신년 사업계획부터, 각종 보고 및 회의 자료 등을 화려한 컬러와 사진, 영상 등으로 중무장한 스펙터클한 보고서를 푹신한 의자에 앉아서 보고받으면서 자신의 입지와 존재감을 재삼 확인받기도 한다. 보고서가 잘 만들어진 것일수록 사업도 잘될 거라는 착각과 함께. 물론 심리학적으로 '긍정적 착각'은 불가능을 가능으로 이끄는 마력이 있다.

하지만 일의 성과는 결코 보고서의 고급스러움이나 페이지 수로 판가름 나지 않는다. 그 전에 충분한 토의나 고찰 또는 논의가 이뤄져야 한다.

진짜 제대로 된 보고서는 고민한 결론의 요약본에 지나지 않아야 한다. 전략과 실행력이 회의를 통하든 누구의 아이디어로 나오든 보고서를 쓰기 전에 이미 나와야 한다. 그런데 실상은 이와 반대의 순서로 일을 하는 오류를 범한다. 생각하는 과정, 고만하는 흔적, 발로 뛰는 판단 없이 앉은 자리에서 기획서가 만들어진다. 그러다 보면 알맹이 없는 내용을 어떻게 포장할까에 초점이 맞춰진다. 쓸 내용, 즉

콘텐트가 풍부하다면 보고서는 술술 써진다. 내용에 자신이 있기 때문에 형식에 치우치지 않는다. 야근을 하는 이유는 보고서를 쓰는 게 아니라 꾸미기 때문이다. 형식을 보면 내용이 보이지 않고 내용을 보면 형식(어수룩한) 또한 보이지 않게 된다.

만약 당신의 회사에서 PPT를 없앤다고 하면(그럴 일은 없겠지만) 아마 크게 반기면서도 한편으론 어떻게 내용을 전달해야 할지 고민할 것이다. PPT에 너무나 오래 길들여진 대가다. PPT를 없애면 시간이 남는다. 그 남는 시간은 고스란히 본질에 집중하는 데 써야 한다.

10-20-30 프레젠테이션 법

그럼에도 불구하고 현실적으로 PPT를 도저히 사용하지 않을 수 없는 환경이라면? 최대한 효율적으로 사용해야 할 것이다.

'에반젤리즘Evangelism'이라고 하는 복음 전도 마케팅으로 스티브 잡스를 도와 애플을 최고 수준의 기업으로 키우는 데 큰 기여를 한 가와 가와사키라는 마케터가 있다. 그는 애플을 나와서 스타트업에 투자하는 벤처 캐피털 회사를 창업하면서 수도 없이 많은 피칭을 듣게 되었는데, 이 때의 경험을 통해서 정리한 것이 '10-20-30' 프레젠테이션 법이다.

10장 이내의 슬라이드로, 20분 이내에, 글자 폰트는 30포인트 이상으로 하라는 아주 간략한 방법이다. 하지만 실상은 어떤가? 대부분의 발표자들은 많게는 60장 이상의 페이지 수를 채워 넣고, 가능한 많은 시간 동안 많은 정보를 전달하기 위해서 폰트 사이즈를 12포인트로 맞춘다.

하지만 많은 것을 한꺼번에 전달하고자 하면 반대로 상대방은 아무것도 기억하지 못한다. 프리젠테이션의 목적은 많은 것을 전달하는 것이 아니다. 가장 중요한 목표 한두 가지를 듣는 이의 머릿속에 각인시키는 것이다. 10장 이내로 페이지 수를 줄이고^(Minus), 20분 이내로 발표 시간을 줄이며^(Minus), 30포인트로 텍스트^{Text}를 써서 한 페이지에 들어가는 텍스트^{Text} 수를 줄이는 것^(Minus)이 10-20-30 프레젠테이션 법의 핵심 요령이다.

10-20-30 프레젠테이션 형식이 효용을 주는 이유는 다음과 같다.

첫째, 10장으로 페이지 수를 줄이면, 장황한 설명, 상대적으로 중요하지 않은 내용, 별첨으로 빼도 될 내용, 발표 시간에 군이 꼭 말하지 않아도 되는 내용, 이해하기 어려운 용어 등을 빼야 한다. 결국은 임펙트 있는 핵심적인 키워드만 고스란히 남는다. 그래야 10장이라는 적은 양에 넣을 수 있다.

둘째, 20분으로 발표 시간을 줄이면, 듣는 이에게 생각할 여유를 줄 수 있다. 자신이 없고 뭔가를 숨길 때 말이 길어지는 법이다. 군더더기를 없애고, 에둘러 표현하는 말을 하지 않아야 짧은 시간에 발표를 끝낼 수 있다. 남는 시간은 질문 응답 시간으로 활용하면 된다.

셋째, 30포인트 크기의 문자를 쓰는 이유는, 발표자가 청중과 대화하기 위함이다. 글자 크기가 작으면 텍스트^{Text}를 더 많이 채울 수 있지만, 발표자는 어느새 자료를 읽게 된다. 그보다는 핵심 키워드만 큼직하게 발표 자료에 넣고, 나머지는 살을 붙여서 발표자가 청중을 보면서 말하도록 하는 것이 발표의 생명이다. 분량을 줄이는 것은 늘리는 것보다 어렵다.

간결함은 불필요한 내용을 구분하여 과감히 삭제하고 핵심 메시지만 남기는 치열한 고민과 생각 끝에서 나온다.

줄여야 한눈에 들어온다

도봉산 정상에 오르면 서울이 한눈에 들어온다. 산 위에서 내려다보면 고요하니 숨죽인 듯한 정경에 복잡하고 다단했던 일상의 삶들이 멀게만 느껴진다. 눈앞의 작은 사물은 멀리 떨어진 큰 사물보다 크게 보인다. 산 정상에서 서울 시내가 한눈에 들어오는 것은 크기가 작아 보이기 때문이다.

현미경으로 들여다보는 마이크로Micro의 세계에서는 눈에 보이지 않는 것들을 확대해야 보이지만, 현실의 마이크로 세계에서는 반대로 축소했을 때 보이지 않던 것들이 보이게 된다.

과천 국립현대미술관 미니어처 전시실, 2016.6

미니어처는 실제 건축물을 1/X로 축소한 입체 모형으로 전체적인 외형을 한눈에 볼 수 있게 한다. 사물은 부분을 볼 때와 전체를 볼 때의 정보량이 다르다. 특히 초고층 빌딩이나 규모가 상당한 인공 구조물은 단지 2차원 설계도만으로는 감이 잘 와 닿지 않는다. 이 점을 보완해 주는 것이 바로 미니어처다. 아파트 분양 모델하우스에 들어가면 항상 있는 것이 미니어처이다. 대부분 아파트는 선 분양 후 공사의 방식으로 지어지기 때문에 완공된 실제 모습을 미리 볼 수가 없다. 그나마 준공 이후의 전체적인 모습을 미니어처를 보며 상상할 수 있을 뿐이다.

수백 페이지의 책을 소개할 때는 요약본이 빠지지 않고, 수십~수백 페이지 보고서에는 역시 1~2장짜리 간략한 요약본이 함께 따른다. 바쁜 상사에게는 핵심만 간단히 요약해서 보고할 줄 알아야 하고, 우연히 엘리베이터 앞에서 최고 책임자를 만났을 때는 엘리베이터가 오르고 내리는 짧은 시간 동안 핵심만 간결하고 인상 깊게 전달하는 엘리베이터 스피치 기법을 쓸 줄 알아야 한다. 어떤 분야에 정통한 사람일수록 핵심을 짧고 간결하게 표현한다.

반대로 내용을 잘 모르거나 해당 분야를 명확하게 파악하지 못한 사람일수록 말이 장황하다. 구사하는 온갖 수식어를 빼면 남는 게 없다. 통찰력이 있을수록 핵심이 되는 결론을 짧게 서두에 제시하고, 설명은 그 다음에 여유 있게 제시하는 반면, 그렇지 않을수록 명확한 결론이 없이 방향 없는 말만 되풀이한다.

어떤 분야에 대해서 자신만의 방식으로 한두 마디의 짧은 문장으로 정의하거나 요약해보라. 그럴 때 유용한 것이 메타포(은유, 직유와 같은 비유법)이다. 가령, '책'을 정의해보자.

중요한 건 사전적 정의가 아니라, 자신만의 방식으로 정의하는 것이다. 사전적 정의는 검색하면 쉽게 얻을 수 있다.

'책은 꽃이다.'
'책은 벌이다.'
'책은 공기다.'

'책은 꽃이다.'는 무슨 의미일까? 한 송이 꽃을 피우기 위해서는 물, 햇볕, 공기, 비료, 땅, 그리고 시간이 필요하다. 이런 것들이 조화롭게 작용해서 꽃이라는 아름다운 결과물을 낼 수 있음을 꽃으로 비유한 것이다.

이처럼 책이 한 권 나오기까지는 다양한 분야에 대한 관심, 다량의 독서, 풍부한 인생 경험, 남다른 관점, 예리한 통찰력 등 여러 요건들이 융합되어진 결과이다. 출판사와 유통까지 포함하면 더 많은 이야기를 할 수 있겠지만, 이렇듯 긴 이야기를 단 하나의 문장으로 비유함으로써 글은 상상의 생명력을 달고 힘이 느껴지게 된다. 이런 식으로 어떤 주제에 대한 내용을 압축할 수 있다. 이걸 잘 하기 위해서는 문학과 예술에 관심을 가져야 한다. 가령 사랑이라는 같은 주제를 얼마나 다양하고 다르게 표현하는가?

커다란 빌딩도 미니어처로 보면 한눈에 들어오는 것처럼, 아무리 감당하기 힘들 것 같은 일들도 반드시 핵심의 키워드가 있게 마련이다. 그걸 메타포로 연결시키면 짧게 압축시켜 생각을 전할 수 있다.

일은 늘려가는 것이 아니라 줄여가는 것이라고 생각하라.

무인無人 시대의 생존법

무인도가 오염되지 않은 무공해 휴양처로 각광을 받고 있다. 하지만 과거에는 접근성과 경제성이 떨어진다는 이유로 그다지 조명을 받지 못했다. 인천에는 128개의 무인도가 있는데, 그 중 사렴도, 작약도를 비롯한 다수의 섬들이 국제관광단지로 개발될 예정이라고 한다.

인류는 문명을 발전시키기도 하지만, 반대로 지구 환경을 훼손시키기도 한다. 쾌적한 환경이 갈수록 중요해지는 현재와 미래에 지구상 인간의 때가 묻지 않은 곳인 마지막 보루 무인도는 그 가치를 이루 헤아리기 힘들다. 무인도는 난개발이 없는 황무지와 다름없다. 부동산 격언 중에는 '사람이(교통) 몰리는 곳에 땅을 사라'는 말이 있다. 하지만 이젠 이렇게 달라져야 할 것이다. '사람이 없는 곳에 땅을 사라.'

'무인無人'이 키워드다. 미래 시대는 '무인無人'으로 가고 있다. 자동판매기를 달리 말하면 무인 자판기이다. 도서 무인 반납기, 무인 톨게이트 수납기, 주차 무인 정산기, 무인 로봇청소기, 무인 택배, 무인 항공기, 무인 카(자율 주행차), 무인 호텔, 무인 헬기(소방 기능), 무인 군함….

이젠 옆에 있는 동료와 경쟁하는 시대가 아니라 앞으로 일자리를 대체할 컴퓨터와 경쟁해야 하는 시대가 되었다. 인간이 만드는 기술의 발전이 '무인^{無人}'화 되는 영역을 주목하라. '무인^{無人}'이라는 테마는 단기간의 유행으로 끝나지 않을 미래에 지속적으로 확산될 트렌드다.

무인 드론

세상은 효용과 수요에 화답하는 방향으로 진화한다. 무인 항공기는 야간 산불처럼 극한의 환경일수록 위력을 발휘한다. 이젠 불을 끄러 갔다가 자칫 소중한 생명을 잃을 위험을 줄일 수 있다. 무인 자동차의 차량용 카메라라는 도로 표지판을 인식하여 속도를 자동으로 조절하고 센서는 앞 차와의 간격을 조절한다.

2016년 3월 9일은 인간이 개발한 가장 복잡하고 정교한 바둑게임에서 강한 자신감을 내비쳤던 세계 최강자 이세돌과 구글 딥마인드가 개발한 1200개의 CPU를 병렬 처리하는 무인 인공지능 컴퓨터 '알파고^{AlphaGo}'가 맞붙는 운명의 날이었다. 예상을 완전히 뒤엎고 4승 1패로 알파고가 승리를 거둔 이 게임에 대해서 적지 않은 논란이 일었다. "영화처럼 미래에는 기계와 컴퓨터가 인간을 지배할 것이다" "인간만이 할 수 있는 일들은 점점 줄어들어 상당수 일자리를 잃게

영화 '터미네이터 (제네시스)'

될 것이다."와 같이 예상치 못했던 인공지능(AI)의 높은 수준에 화들짝 놀라 여기저기 탄성과 자조가 난무했다.

영화 터미네이터에 나오는 슈퍼컴퓨터 스카이넷Skynet은 스스로 판단하는 능력이 있는데, 자신을 만든 인간에게 위협을 받고 있다고 판단하여 인간과 전쟁을 벌인다. 엘론 머스크 회장은 다음과 같은 말을 남길 정도로 AI에 대한 경계심이 남다르다.

"5년 또는 10년 안에 중대한 위험이 실제 닥칠 수 있다."

"영화 터미네이터와 같은 재앙이 실제 일어날 가능성이 있다."

인간을 대체하는 대상이 인간이 아니라 기계나 컴퓨터가 된 건 새삼스러운 일이 아니다. 문제는 인간의 고유 영역이라고 생각되었던 자율적으로 생각하는 지능을 인공지능이 딥 러닝Deep Learning 같은 인간의 학습 방법을 모방하고 있다는 점이다. 창조의 근원은 모방으로부터 시작된다. 인간과 기계는 분명 다르다. 하지만 인간의 일자리를 대체해 나간다는 점은 분명해 보인다. 그 결과 엘론 머스크는 하루의 대부분을 일을 하고 그 일에서 의미를 찾았던 사람들이 이제 어디에서 의미를 찾아야 할지가 문제가 될 것이라고 한다.

게다가 기계가 사람보다 뛰어난 연산처리 능력 외에 자율성과 창의성까지 겸비한다면 인간이 예측하지 못하는 일을 벌이게 될 것이다. 그렇다면, 무인 시대를 대비하기 위해 우리는 무엇을 해야 할까?

무인화가 소비자의 입장에서는 편리할 수 있으나, 직업인의 입장에서는 불편한 일이다. 결국 차별화가 답이 아닐까? 근력, 지구력, 생산성, 정확성 등 로봇과 같은 방향으로 경쟁하기에 인간은 여러모로 너무나도 미약하다. 앞으로도 창의성은 여전히 중요할 것이다. 인간이 로봇을 흉내 내는 건 상상하기도 싫다. 로봇이 인간을 흉내 내게 해야 한다. 인간은 로봇이 가질 수 없는 체온을 가진 심장이 있다. 시 한편을 읽고 감동을 느끼며, 어려운 사람을 보면 도와주고 싶은 측은지심이 있다. 맘에 드는 이성을 보면 사랑을 느끼고, 불의를 보면 정의를 생각한다. 무인화가 될수록 인간다움의 추구가 더욱 번성해질 것이다. 어쩌면 오히려 기계화의 반작용으로 잃어버린 인간성을 되찾을 수 있는 기회가 될지도 모를 일이다. 로봇이 소설을 쓰고 음악을 작곡하는 시대가 되었다. 이젠 로봇이 무엇을 할 수 있을까보다는 할 수 없는 게 무엇인지 생각하는 게 빠르다.

무인화로 없어지는 일자리만큼 새로운 일자리가 창출될 수 있을까? 솔직히 그렇지 않을 가능성이 크다고 본다. 그렇다고 무인화를 외면할 수는 없다. 엘론 머스크가 말했던 것처럼 국가가 어느 정도의 기본 소득을 분배하는 게 필요할 수 있을 것이다. 비약적으로 높아진 생산성이 기업의 이익과 성장으로 이어지기 위해서는 소비자의 구매로 연결되어야 하기 때문이다. 내가 생각하는 무인 시대의 대처법은 '나다움'을 찾는 것이다. '나다움'을 찾을 때 비교와 경쟁은 무색해진다.

'나다움'은 그 자체로도 의미가 있다. '나다움'이 뭔지는 누가 알려주는 게 아니다. 스스로 찾아야 한다. 그래서 인간은 외롭다. 그 외로운 길을 감싸주는 것은 결국 인간의 사랑이 아닐까 한다.

버리지 않으면 중심에 설 수 없다

'너에게 해 주고 싶은 5가지'
'내가 살아가는 3가지 이유'
'살을 빼는 가장 손쉬운 4가지 방법'

이처럼 어떤 주제를 놓고 'OO가지'의 형태로 그 수를 한정하는 경우가 있다. 너에게 해 주고 싶은 것이 비단 5가지뿐이랴. 해 주고 싶은 10가지 중에서 순위를 정해 나머지 5가지는 버려야 한다. 내가 살아가는 수십 가지의 이유 중에서 단 3가지를 제외한 나머지는 우선순위에서 버려야 한다. 살을 빼는 20가지 방법 중 가장 쉬운 상위 4가지를 제외한 나머지도 버려야 한다. 모든 걸 다 취할 수 없기 때문에 그 중 가장 핵심적인 소수를 취한다. 나머지를 버리는 이유는 핵심에 집중하기 위해서다.

역설적으로 무언가를 잘 선택하기 위해서는 잘 버려야 한다. 잘 버리지 못하면 선택하는 데 주저하고 고민하느라 시간을 허비하게 된다. 잘 버리려면 가치관이 명확해야 하고 추구하는 이념이 있어야 한다. 삶은 버리기의 연속이다. 잘 버려야 잘 얻을 수 있다.

해마다 연말이면 뉴스는 이렇게 도배가 된다.

'2016년 가장 핫Hot한 뉴스 Top 10'
'10년 후 뜨게 될 유망기술 10선'
'내년도 유행을 이끌 5대 테마'

평소에도 이와 비슷한 기사의 제목이 눈에 띈다.

'죽기 전에 꼭 가봐야 할 10개 여행지'
'당신이 알지 못했던 요리의 숨은 비결 7가지'
'스마트 파워 유저가 될 수 있는 아이폰 활용 Tip 10가지'

이와 반대로 이런 유의 기사 제목이라면 어떨까?

'아이를 똑똑하게 기르는 200가지 방법'
'직장에서 사랑 받는 기술 130가지'
'시간을 절약하는 비법 180가지'

제목만 봐도 숨이 턱턱 막히지 않을까? 더욱이 스마트폰 시대가 되면서 사람들은 하나의 기사에 머무는 시간이 그리 길지 않다. 제발 나좀 봐달라고 하는 도발적인 제목으로 포장된 기사들이 줄줄이 기다리고 있기 때문이다. 가장 핫hot한 것을 남겨두고 나머지는 모두 제거하는 '마이너스Minus'사고가 필요하다.

17세의 젊은 영국 청년 닉 댈로이시오Nick D' Aloisio가 2013년 개발

어플 summly

한 뉴스 요약 어플 '섬리Summly'는 전 세계 주요 언론사의 기사를 400~800단어로 자동 요약한다. 짧은 시간에 그날 화제가 된 주요 뉴스를 파악할 수 있어 바쁘고 시간이 없는 현대인들에게 참 편리하다. 이 어플은 야후Yahoo에 무려 3천만 달러(약 330억 원)에 인수되면서 주목을 받았다.

흥미로운 점은 이렇다. 누군가는(신문사) 열심히 소재를 발굴해서 자세하게 기사를 쓰면 누군가(Summly) 그토록 정성을 기울여 쓴 기사에서 대부분의 내용을 버린 채 줄거리 내용만 간단히 요약하는데, 2차 가공된 이것을 선호하는 소비자들이 많다는 것이다.

요약(Brief)은 마이너스Minus에서 나온다. 더 이상 버릴 게 없을 때까지 버리고 남은 것이 최종 요약본이 된다. 정보를 줄일수록 집중도와 관심은 올라간다. 핵심어를 찾는 과정은 동시에 비핵심적인 것들을 버리는 것과 같다. 이 두 가지가 동시에 수반되기 때문에 우리는 '빼는 사고'를 의식하지 못할 뿐 이미 뇌는 더하기와 빼기를 동시에 한다. 생각한 것을 모두 전달하고자 하면 단 하나도 전달하지 못한다.

마케팅 불변의 법칙인 선택과 집중의 원리와도 상통하는 개념이다. 살이 찌기는 쉬우나 빼기는 어렵고 전기를 많이 쓰기는 쉬워도 아껴 쓰기는 어렵다. 말을 내뱉기는 쉬우나 가려서 하는 것은 쉽지 않다. 글을 쓰는 사람에게 가장 큰 고민의 순간이 편집하면서 불필요한 글을 뺄 때이다.

아무리 어렵게 모은 콘텐츠와 생각이라도 불필요하다면 빼야 한다. 욕심을 내기는 쉬워도 욕심을 억제하기는 힘들다. 플러스Plus 방향으로 가는 것보다 마이너스Minus 방향으로 가는 것이 쉽지 않은 것이다. 역설적으로 그렇기 때문에 우리는 더더욱 마이너스 사고를 해야 한다.

그녀의 마이너스 생활법

다음은 가상의 한 여성 캐릭터를 설정해서 마이너스^{Minus} 관점으로 바라본 '그녀의 세상'이다. 기존의 사고방식과 어떻게 다른지 함께 그녀의 생각을 들어보자.

▶ 쇼트트랙에서 가장 숨막히는 극적인 장면이 언제인 줄 알아? 직선 코스에서 속도를 낼 때가 아니야. 속도를 떨어뜨리고 코너를 돌 때 넘어질 듯 아슬아슬하게 역전을 할 때지.

▶ 사랑이 뭐라고 생각해? 사랑이란 단 한 사람을 선택함과 동시에 다른 많은 사람들을 선택하지 않는 것과 같아.

▶ 내가 좋아하는 책은 현란한 지식과 긴 부연 설명이 늘어진 게 아니라, 군더더기가 없이 짧으면서도 의미를 담고 있어. 생각을 하게 만드는 시 같은 책이야.

▶ 나는 맛을 내려고 갖은 양념에 온갖 좋은 재료들을 잔뜩 넣은 음식보다 조미료가 하나도 들어가지 않은 담백한 국물 맛이 있는 전통 음식을 좋아해.

▶ 내가 너에게 가장 서운할 때가 언젠지 알아? 귀찮을 정도로 나에게 부탁을 할 때가 아니야. 반대로 이젠 내게 부탁조차 하지 않을 때이지.

제주 애월 곽지해변 (2014)

▶ 단풍이 물드는 원리가 뭔지 알아? 노랗고 빨간 색소가 새로 생기는 줄 알았지? 원래는 잎이 생길 때부터 빨갛고 노랗고 초록색을 띄게 하는 색소가 있다가 그 중 초록색 색소가 더 이상 생성되지 않아서 남아 있는 색소가 더 도드라져 보이는 거야.

▶ 내가 이곳에 온 이유는 공기 좋고 사람들 인심이 후해서가 아니야. 그냥 공기오염이 없고 해질녘 노을이 물드는 것을 가리는 답답한 고층빌딩도 없어서야. 더 이상 사람에 치이며 내 삶을 소진하기 싫거든.

▶ 층층이 퍼져 있는 구름 낀 하늘도 나쁘지 않지만, 모처럼 구름 한 점 없는 파란 하늘을 볼 때면 기분도 따라 상쾌해지지.

▶ 하기로 약속해 놓고 하지 않은 것보다 안 하기로 해 놓고 할 때가 더 미워.

▶ 네가 있을 땐 잘 몰랐었는데, 없으니까 참 허전해.

▶ 그늘진 곳보다 두려운 건 그늘 없는 사막이야.

▶ 난 특별히 선호하는 밥은 없지만, 콩이 없는 밥이면 좋겠어.

▶ 선 없는 마우스가 편한 것처럼 유선전화보다 무선 휴대폰이 편리하고,

줄을 서서 점원에게 뭘 먹을지 시간 끌면서 주문하는 것보다 무인 키오스크에서 눈치보지 않고 주문하는 게 더 편해.

제주 종달리 해변 (2014)

▶ 영양가는 없어도 되니 유해한 성분만큼은 없었으면 좋겠어.

▶ 네가 여행지를 정하는 건 상관없지만 지난번처럼 바가지는 없었으면 해.

▶ 몸에 약간 큰 치마는 차마 입을 수 없어도 차라리 좀 작은 치마는 어떻게든 입을 수 있어.

▶ 야근은 싫지만 조기퇴근은 좋아.

▶ 난 역시 긴 머리보단 짧은 머리가 더 잘 어울려. 안 그래?

▶ 마지막으로 내가 원하는 이상형은 말이야. 잘생기고 키 크고 돈 많고 능력 있고 친절하고 자상하고 운동 잘 하고 노래도 잘 하는 그런 완벽남이 아니야. 그저 못생기지 않고 키는 너무 작지만 않으면 되고, 돈은 너무 많을 필요 없이 적당히 벌고, 불친절하지 않을 정도로 무심하지 않고 운동 실력은 아주 몸치만 아니면 되고 노래 실력도 음치만 아니면 돼. 그게 그

거 아니냐고? 아니야 분명 달라. 못생기지 않은 게 잘생긴 것은 아니고,
키가 너무 작지 않은 게 키가 큰 것은 아니잖아. 잘 생각해봐. 분명 달라.
그러니 내 기준에 맞는 사람 있으면 얼른 소개시켜주길 바래.
그럼, 이만 안녕.

Chapter 05
빼기로 바뀌는 삶

통찰은 경험과 식견이 쌓일수록 느는 것이지만 그렇다고 나이가 든다고 저절로 생기는 것도 아니다. 관찰하고, 생각하고, 보고, 듣고, 읽고, 쓰고, 행동하는 과정뿐만 아니라 서로 상반되거나 이질적인 환경을 경험하면서 통찰력은 성장한다. 통찰력은 사물의 단면만을 보고도 그 이치를 꿰뚫을 수 있게 하지만 좀 더 균형잡힌 통찰력을 가지려면 다양한 관점의 유연한 사고를 해야 한다. 한쪽으로 편향된 사고가 위험하듯이 어느 한쪽에 편중된 삶은 균형을 무너뜨려 삶을 고단하게 만든다.

우리가 내딛는 한 걸음은 아무 생각 없이 행해지는 경우도 있지만, 대부분 깊은 생각의 결과로 이뤄진다. 결국 어떤 생각을 어떻게 하느냐에 따라 자신의 세계가 형성된다. 같은 곳에, 같은 시간을 있어도 서로 다른 생각을 하는 사람들 간에는 다른 세상을 사는 것이다.

플러스 씽킹Plus Thinking이 '얻는 것'에 초점이 맞춰진 것이라면, 마이너스 씽킹Minus Thinking은 당장 눈앞에 보이는 성취, 이익, 소유 대신 버리고 줄이고 소유하지 않는 사고방식이다. 그런데 그것이 결국 플러스Plus의 삶으로 되돌아온다.

버리지 않는 것이 낭비

지금까지 우리는 버리는 것을 낭비라고 생각해 왔다. 하지만 버리지 않고 쌓아두는 것만이 반드시 현명한 것은 아니다. 살다 보면 우선순위에 따라 무엇인가는 버려야 할 상황이 온다. 그때 잘 버려야만 올바른 선택을 할 수 있다. 평소에 버리는 연습을 해 두지 않으면 버려야 할 상황에 제대로 대처할 수 없게 된다. 버리지 않고 곁에 둔다고 그것이 온전히 내 것이 되는 것은 아니다. 10년 묵은 먼지가 쌓인 책처럼 단지 내 옆에 자리를 차지할 뿐이라면 그것이 내 인생에 좋은 영향을 줄 순 없다.

어느 기자가 아인슈타인을 인터뷰하면서 가장 중요한 과학 장비를 보여달라고 하자 아인슈타인은 휴지통을 가리켰다. 그는 떠오른 아이디어를 적을 메모장과 펜, 그리고 불필요한 메모를 버리기 위한 용도로 휴지통 하나면 충분했다고 한다.

보통사람 같으면 중요하게 여기는 것들을 '모으는 것'에서 떠올리지만, 아인슈타인은 '버리는 것'을 중요하게 생각했다. 그만큼 상상을 많이 하고 메모를 많이 해서 그럴 것이다. 그래서 그에겐 중요한 것만 남기고 정리하는 습관이 중요한 일이었을 것이다. 무언가를 많

아인슈타인, 출처 '위키피디아'

이 소유하면 그만큼 시야를 가린다. 밤하늘의 무수히 많은 별들은 황홀함을 주지만, 어느 별 하나 내 것이란 생각이 들지 않는다. 반면 밤하늘에 몇 개의 별들만이 반짝인다면 그 별은 마치 내 별인 양 특별하게 느껴진다.

건강을 위해서 먹는 것이 중요하지만(Input), 노폐물을 잘 배출하는 것(Output)도 중요하다. 받지 않을 수 없는 스트레스는 잘 해소하는 게 중요하다. 지식을 쌓기 위해 습득하고 배웠던 많은 것들 중에서도 버려야 할 것들이 있다. 버리지 않으면 기억되지 않는다.

더 이상 버릴 수 없을 때까지 버려야 최후에 남아 있는 그 무엇이 보인다. 버리는 것은 낭비가 아니다. 인생을 스마트하고 성공적으로 살도록 해 주는 지혜이다.

"모든 죄악은 텅 빔으로부터 달아나려는 시도다."

-시몬느베이유 '중력과 은총'

때 빼고 광 내기

'때 빼고 광 낸다.'라는 말은 있어도, '광 내고 때 뺀다.'는 말은 없다. 꼬질꼬질한 상태에서는 아무리 비싸고 멋있는 옷과 파리가 미끄러져 낙상할 정도로 광을 낸 구두로 치장한들 폼이 나지 않는다. 몸을 깨끗이 씻고 옷을 입었을 때 기분도 새롭다.

무언가를 덧붙이기 전에 먼저 또는 마지막에 생각해야 할 것이 '빼는 것(Minus)'이다. 집 안을 아무리 값비싼 가구와 전자제품으로 도배해도 청소가 안 되어 있으면 고급스런 분위기가 나지 않는다. 아무리 고급스런 핸드백을 들고 다녀도 흙먼지가 잔뜩 낀 구두에 손때 묻은 드레스를 입으면 분위기는 반감된다.

먹방 프로그램이 인기가 좋지만 드러낼 수 없어서 그렇지 먹는 것(Plus) 못지않게 중요한 것이 있다. 먹은 것을 잘 배출(Minus)하는 것이다. 제 아무리 왕후장상의 맛있는 음식이 눈앞에 놓여 있어도 며칠째 계속되는 변비에 속이 더부룩하다면 그림의 떡이다. 잘 먹으면 잘 싸야 한다. 문제는 잘 싸지 못했을 때 발생한다.

잘 싸기 위해서 필요한 마이너스Minus 행동법 3가지가 있다.

첫째, 일하는 시간 또는 불필요한 시간을 줄인다. 그 줄인 시간에 운동을 하라.

일하는 절대 시간을 줄이는 것은 국가도 관심을 갖는 문제다. 아마 어떤 식으로든 일의 양은 외부의 힘에 의해서 줄여질 가능성이 크다. 그것만으로는 부족하다. 그 안에서도 불필요한 시간을 줄이자. 오래 앉아 있을수록 병은 자란다.

둘째, 육류, 고당분, 유지방, 각종 인공첨가물이 다량 함유된 가공식품 섭취를 줄인다. 대신 장내 유익한 세균 증식에 도움을 주는 식이섬유가 많이 함유된 채소, 과일을 자주 먹는다.

셋째, 스트레스를 줄여라. 소화 활동을 하는 장에는 면역세포가 집중되어 있다. 스트레스가 많으면 소화에 바로 지장을 준다. 스트레스를 줄이기 위해서는 무엇을 해야 할지보다 무엇을 줄이고 버릴지 생각하라. 현재의 얽힌 인간관계를 끊고 새로운 관계를 만든다든지, 과도한 목표를 버리고 적당한 목표로 바꾼다든지, 기대치를 낮추거나 버리는 것이다.

가득 채워진 물컵에 새로 물을 부으면 넘치는 것처럼, 새 물을 담으려면 먼저 오래된 물을 버려야 한다.

없는 게 경쟁력

"당신의 장점 또는 경쟁력은 무엇입니까?"라고 누군가 묻는다면, 대개는 잘하는 것이 무엇인지에 대해 말할 것이다. 그런데, 꼭 그 방식만 있는 건 아니다.

나에게 '있는 것'이 강점이 될 수도 있지만, 나에게 '없는 것'이 강점이 될 수도 있다.

"나는 사람을 보는 안목이 높습니다." vs "내가 추천한 사람 중에 성공하지 않은 사람은 없습니다."

"나는 사람들에게 친절합니다." vs "나는 기분이 아무리 나빠도 사람들에게 불친절한 법이 없습니다."

"나는 기회에 강합니다." vs "나는 기회가 오면 놓치는 법이 없습니다."

어느 쪽이 더 확신과 믿음을 주는가?

결혼 상대를 고를 때 초기에는 ○○○이 있는지를 보지만, 나중에는 ○○○만 없으면 된다는 생각을 할 때가 있다. 있는 것을 찾다 보면, 없는 게 눈에 들어오게 마련이다. 그러다 보면 아무리 찾아봐도 내 님은 보이지 않는다. 결국 최악의 경우들을 만들어 놓고 거기에 걸리지 않는 상대를 고르게 된다. 생존이란 위험을 최소화하려는 안전 욕구가 충족해야 가능하다. 중요하게 생각하는 결함만 없다면 비로소 배우자 후보로 눈에 들어오게 된다.

> 예전엔 좋은 일이 생기길 바랬다. 요즘엔 아무 일도 없기를 바란다.
>
> -하상욱

내세울 것을 만드느라 너무 힘을 소비하는 것보다 우선 자신에게 치명적인 결함이 없도록 하는 것도 경쟁력이다.

> 정년 70세 보장
> 연간 143일간의 휴일
> 근무시간 7시간 초과 절대 금지
> 퇴근시간 오후 4시 45분 엄수
> 비정규직 0%, 전 직원이 정규직

만약 이런 기업이 국내에 있다면 단연 입사 선호도 1위를 차지하고도 남을 것이다. 그런데 실제로 이런 기업이 일본에 있다. 미라이 공업이다. 일반적으로 기업이 비정규직을 두는 이유가 비용을 절감하고 비핵심적인 일을 분리하기 위해서다. 하지만 미라이 공업 야마다 아키오 회장은 동일한 일을 하고도 급여는 더 적게 받는 직원이 어찌 회사를 위해 헌신하겠느냐고 반문한다.

인사 정책은 상상을 초월한다. 선풍기에 인사 서류를 날려서 가장 멀리 날아간 명단 25명을 과장으로 승진시키는 식이다. 승진하기 위해 무리하게 일을 만들고 보고서를 꾸미며 힘을 소모하는 여타 회사와는 차원이 다르다.

야마다 아키오 회장은 고등학교 정도의 정규 교육을 받았다면 누구든지 중견관리자가 될 수 있다고 생각한다. 자리가 사람을 만들지 사람이 자리를 만드는 것은 아니라는 생각이다.

그는 불필요한 비용은 철저하게 절감하는 것을 원칙으로 삼는다. 심지어 회장 차도 없다. 그러나 인건비만큼은 예외다.

1965년 창립한 이래 적지 않은 외부 환경 변화로 인한 위기를 겪었을 것임에도 단 한 번의 적자도 없이 회사가 운영되고 있다. 그 힘은 야마다 아키오 회장의 마인드에서 비롯된다. 직원의 만족 없이 고객의 만족이 없다는 생각이 뿌리 깊게 박혀 있다. 기업을 위해 사람이 존재하는 것이 아니라, 사람을 위해 기업이 존재한다고 생각하는 것 하나만으로도 그가 어떤 사람인지 충분히 알 수 있다.

야마다 아키오 회장이 내세우는 근무 조건을 봐도 알 수 있듯이, 그는 철저히 '빼는 사고법'을 이용한다. 대표적인 것이 일하는 시간을 줄이는 것이다. 상대적으로 개개인의 여유시간은 늘어나고, 정년까지 보장되니 고용 불안과 직무 불안에 흔들릴 필요도 없다. 자연스럽게 근무 시간이 짧은 만큼 집중도가 높을 수밖에 없다. 회사에 대한 애정이 생기지 않는다면 그것이 이상할 것이다. 이렇듯 미라이 공업은 남들이 하는 것들을 하지 않는 것이 많다. 미라이 공업에 '없는' 대표적인 것들은 다음과 같다.

▶ 영업 할당
▶ 업무 방식의 강요
▶ 상사에게 보고

▶ 직원의 아이디어 제안에서 되묻거나 따지기

▶ 임금 삭감

기업문화 혁신이 반드시 무언가를 새로 만들어내야만 이룰 수 있는 것은 아니다. 이미 있는 것들 중에서 단지 무언가를 없애는 것만으로도 혁신을 단행할 수 있다. 그것이 먼저다.

브랜드가 없는 무인양품의 철학

브랜드를 내세우지 않는 회사, 아니 브랜드가 아예 없는 회사가 있다. 이름에서부터 다른 기업들과는 확연히 다른 '무인양품無印良品' 이다. 무인양품은 1980년 40개 품목에서 출발한 일본 유통회사다. 꼭 필요한 기능 이외에는 부가되는 기능을 줄이고 튀지 않는 무난한 디자인을 적용해 가격 부감을 완화한 것이 특징이다.

무인양품 매장(강남)

무인양품은 취급 품목만 7천여 가지가 넘을 정도로 의식주 일상 전반을 커버한다. 전 세계 700여 개 매장이 있고 연간 2조 원대 매출을 올리는 글로벌 기업이다.

무인양품의 기업 철학을 한자어로 표현하면 '공空'이다. 쓰기에 충분할 만큼만 무겁지 않게 제조하는 것. 최고의 품질보다는 충분한 품질, 고급 럭셔리보다는 실용을, 다기능보다는 필수 기능을, 차별적 가격 정책보다는 합리적 가격을, 브랜드보다는 노브랜드를 추구한다. 한마디로 '이 정도면 충분하다'는 콘셉트로 제품을 만든다. 제품에는 색을 따로 입히지 않고 기업 로고 이미지는 어딜 찾아봐도 없다. 개성과 유행을 상품에 반영하지 않는다. 상품이 인기가 있다 해서 가격도 올리지 않는다.

"나는 궁극적으로 디자인 없는 디자인을 추구한다."
"비움은 반대로 모든 것을 담을 수 있는 잠재성을 내포한다."
"아는 것들을 모두 버리고 아무것도 모르는 처음 상태로 되돌아갔을 때 완전히 새로운 것이 보인다."

 - 하라 켄야

디자인 없는 디자인! 무인양품의 디자인은 지극히 평범하다. 무채색인 흰색, 회색, 검정 톤이 주인 무인양품의 심플한 디자인은 고급스럽거나 와우!라고 할 정도의 서프라이즈를 제공하진 않지만 유행을 타지 않는 장점이 있다.

무인양품의 제품이 가격이 저렴하다고 해서 품질이 떨어지는 건 아니다. 마츠자키 사토루 사장은 품질을 포기하면서 가격을 낮출 생각은 없으며, 오히려 엄격한 양품 기준을 지키려 상당히 애를 쓴다고 한다. 보통 기업들이 브랜드를 하나 구축하기 위해 엄청난 인적 물적 자원을 투입하는 것과 달리 무인양품은 노브랜드를 표방하며 대신 제품의 품질 향상과 저렴하고 합리적인 가격에 초점을 맞춘다. 가령 P&G에는 '페브리즈'라는 탈취제 브랜드가 있지만, 무인양품은 회사 명만 있을 뿐 제품의 브랜드는 없는 식이다.

이와 비슷한 방식은 대형 마트에서도 볼 수 있다. 이마트는 PB 상품을 늘려 브랜드 구축 비용, 포장비 등 제조 원가를 줄이는 대신 합리적 가격으로 이전과 유사한 품질의 상품을 통해 매년마다 노브 랜드 매출을 늘려나가고 있다. 대개 용량에 따라 제품 사이즈가 다양하지만 이마트의 노브랜드는 가장 선호하는 제품의 용량 하나만을 정한 다음 집중적으로 생산하여 비용을 절감하는 방식이다.

무인양품 매장

무인양품은 철저하게 필요한 기능과 디자인을 최소한도로 추구하는 '미니멀리즘Minimalism'을 지향한다. 그것의 극치는 조립식 주택에서 볼 수 있다. 비즈니스 인사이더에 실린 주택의 단면도를 보면 집에 반드시 있어야 할 것으로 여겨져 온 '문짝'과 '내벽'이 무인양품 주택에는 없다. 바닥 면적이 11평 정도도 안 되지만 문과 내벽을 없앰으로써 확 트인 개방감과 더불어 넓어 보이는 시각적 효과까지 준다.

무인양품이 만든 집 구조

'무인양품이 만든 제품은 OOOO하다'라는 인식이 형성되어 있다. OOOO에 들어갈 말들은 앞서 언급한 무인양품의 제품 철학이다. 남들은 브랜드를 만들려고 하는 데 반해 무인양품은 브랜드가 없다.

무인양품을 성공으로 이끄는 아이덴티티Identity는 더 이상 뺄 게 없을 때까지 줄이고 없애는 철학, 즉 '빼고 비우는 마이너스Minus'이다.

To do에서 Not to do로

어릴 적 일기를 쓰던 공책에는 시간표를 적는 동그란 칸이 있었다. 그런데 대부분 '오늘 한 일'이 아닌 '오늘 할 일'로 남게 된 적이 많았다.

대개 어른들은 무엇을 하라고 하기보다는 무엇을 하지 말라는 말들을 한다. 담배를 피우지 마라. 오락실 가지 마라. 늦게 자지 마라. 이것은 먹지 마라. TV 보지 마라….

그렇다면 왜 무엇을 하라고 하는 말보다 하지 말라고 하는 말을 더 잘 듣게 되는 걸까? 그것은 오랜 경험을 통해 위급한 상황에 처하지 않기 위한 나름의 지혜일수록 'Not to do'가 적절하다는 것을 체득하고 있기 때문이다. 생존에 위협이 될수록 훨씬 큰 주의력이 필요하다.

'To do'가 성장하고 발전하는 데 적합하다면, 'Not to do'는 생존의 위험으로부터 벗어나 안전하게 사는 데 적합하다.

그렇다면 To do와 Not to do 중에서 어느 것이 더 실천 가능성이 클까? 10가지 To do 공약을 내세운 후보자와 10가지 Not to do 공약을 내세운 후보자 중에 누가 더 실천력이 높을까? 사안에 따라 다를 수 있겠지만, 통상 Not to do일 것이다. To do는 무언가를 새롭게 하거나 만들어가는 거라면, Not to do는 어떤 욕구를 포기하거나, 선택을 하지 않는다거나, 주의를 기울여 조심하는 형태로 To do보다는 비교적 실현 가능성이 크다고 할 수 있다. 하지만 바로 이 점이 맹점이 될 수 있다. 사람은 상대적으로 비교적 쉽게 할 수 있는 것에는 주의를 기울이지 않기 마련이다.

"우리 OOOO에는 OOO를 첨가하지 않습니다."
"우리 OOOO는 OOO를 반으로 줄였습니다."
"우리 가게에는 남은 음식은 모두 버립니다."
"우리 업소에서는 수입산 고기를 쓰지 않습니다."
"우리 OOOO는 방부제를 일체 쓰지 않습니다."

이 방식을 개인에게도 적용시켜 본다면?

"저는 약속시간에 늦는 일이 없습니다."
"저는 업무시간에 잡담으로 시간을 낭비하지 않습니다."
"저는 남을 속이거나 실적을 가로채는 등 비윤리적인 행동을 하지 않습니다."
"저는 거래 업체에 결코 금전적인 대가를 요구하지도 받지도 않습니다."

이런 식으로 자신의 신념으로 삼을 수 있다. 내일부터 새벽 5시에 일어나겠다는 것보다는 현실적이지 않을까?

To do 리스트는 지금껏 많이 해왔을 것이다. 하지만 과연 얼마나 지켜졌는지 반문해보라.

Not to do 리스트를 간과하지 말자. 살아가다 보면 경제적 생활

능력도 중요하겠지만, 윤리적인 마인드와 태도가 장기적으로 보면 더 중요하다는 것을 깨닫게 된다.

세상에 능력 있는 사람은 많다. 하지만 마인드와 태도까지 잘 갖춘 사람은 드물다. 누구나 총기 소유의 자유가 있었던 아메리카의 서부시대에 개인이 생존하기 위해서 가장 중요한 것은 상대를 공격하고자 하는 의심을 주지 않는 것이었다. 조금이라도 의심을 받으면 선제공격을 받게 되기 때문이다. 그래야 거래도 할 수 있고 관계도 틀 수 있다.

오늘날 법정은 어떤가? 한쪽은 유해함을 증명하고 한쪽은 무해함을 증명하기 위해 고군분투한다. 개인사업도 마찬가지다. 사람들과의 관계에서 내가 상대에게 이익을 가져다 줄 수 있는 가능성을 어필하는 것도 필요하지만 무엇보다 최소한 해를 끼치지 않는다는 신뢰감을 줄 수 있어야 한다. 변화무쌍한 경쟁시대에서 '저 사람과 거래를 하면 최소한 손해는 받지 않는다.'는 믿음이 있을 때 사업도 번창할 수 있다. 그러기 위해서 필요한 것이 'Not to do'이다. 'To do'의 사각지대에 놓인 영역이 있을 것이다. 그것을 'Not to do'로 보완하라.

형태는 기능을 따른다

무언가를 빼거나 덜어내는 것이 누구도 해결하기 어려운 문제를 해결하는 데 도움이 될 때가 있다. 서울 강남구 신논현 역 부근의 교보빌딩 앞에 있는 어번 하이브는 건물 기둥을 따로 세우지 않고 외벽의 철근 콘크리트만으로 지지된다. 서울 강남구는 땅값이 비싸기로 소문이 나 있다는 건 다들 알고 있는 사실, 여기서 고민은 시작된다. 어떻게 하면 한정된 땅에 가능한 많은 공간을 담을 것인가?

일반적으로 최신 빌딩들을 보면 철골조로 기둥을 세우고, 외벽을 선팅된 유리로 씌워 개방감과 시원함을 강조한 '커튼 월curtain wall' 방식을 쓴다. 하지만 어번 하이브는 정반대로 했다. 건물의 하중을 지탱하는 철골 구조물을 밖으로 드러낸 것이다.

건축법에는 폭 1.5m 이내의 개방된 발코니가 용적률에 포함되지 않는다는 조항이 있다. 여기서 힌트를 얻었다. 자체 하중을 줄이기 위해서 3,300여 개의 지름 1m, 두께 40cm의 원을 뚫었다. 구멍이 숭숭 뚫린 외벽은 분명 건축물에 속한다. 하지만 용적률에는 포함되지 않는다. 덕분에 더 많은 공간이 사무 공간으로 재탄생 할 수 있었다.

"Form follows function."(형태는 기능을 따른다.)

고층 건축물을 예술로 승화시킨 미국의 저명한 건축가 루이스 설리번Louis Sullivan의 명언이다. 어번 하이브는 무심코 봤을 때 처음부터 디자인을 염두에 둔 건축물처럼 보이겠지만, 실상은 반대로 기능(최소 공간의 최대 공간)을 먼저 생각하고 그에 적합한 디자인을 찾은 것이다.

어떤 제품이나 상품을 고안할 때도 마찬가지다. 외관의 디자인은 기능이 무엇이냐에 따라 달라질 수 있다.

어번 하이브 빌딩

단순히 디자인만 미려하고 필요한 기능은 채우지 못한다면 효용이 없다. 기능과 디자인이라는 두 마리 토끼를 잡은 어번 하이브. 건축법을 지키면서 정해진 땅에 최적의 사무 공간을 집어넣기 위해서 필요했던 아이디어는 구멍을 내는 것이었다. 3371개의 구멍을 뚫음으로써 자체 하중을 견딜 수 있게 하고 외관 이미지도 혁신했다. 덕분에 서울 강남에서 가장 독특하고 아름다운 건축물의 하나로 우뚝 설 수 있게 되었다.

우리의 삶에 필요한 '구멍'은 무엇인가?

나 스스로를 지휘하라

　살다 보면 누군가의 도움을 받거나 의지를 할 때가 있다. 그런데 그 대상이 없어진다면? 포근하고 안전한 어미의 주머니에서 성장하는 아기 캥거루도 어느 정도 자라게 되면 주머니에서 나와 홀로 세상의 위험과 맞서야 할 때가 오게 된다. 거북이는 어떤가? 알에서 깨어나 모래를 뚫고 나온 바다거북 새끼들은 바다를 향해 여행을 떠난다. 갈매기와 같은 포식자들의 먹이가 될 위험에 노출되지만 지켜주는 보호자는 아무도 없다. 설사 운이 정말 좋아서 바다로 가더라도 또 다른 포식자들이 생명을 위협한다. 누구의 도움도 없이 오로지 혼자 헤쳐 나가야 한다. 운명이다.

　인간도 시기의 차이가 있을 뿐 혼자 서야 할 때가 반드시 있다. 그 시기를 위해 평소 내공을 쌓아 두지 않으면 생존의 어려움을 겪게 된다. 그렇기 때문에 지금의 안락함에 머무르지 않고 반대로 지금껏 나의 보호막이 되어 온 존재가 언젠가는 사라진다고 생각하고 미리 대비를 해 두지 않으면 안 된다.

　관현악단에서 지휘자는 음악의 꽃이라고 할 수 있다. 절대적이라고 할 만큼 큰 영향력을 가진 존재다. 눈을 감으며 지휘하는 장면이 인상적인 세계적 지휘자 헤르베르트 폰 카라얀은 만인이 인정하는 클래식계의 거장이다. CD 음반에 오늘날 약 74분이라는 연주를 담을 수 있게 되기까지 소니, 필립스와 같은 대형 음반제작사에 카라얀의 의견이 반영되었다는 것은 유명한 이야기다. 74분은 4악장으로 이루어진 베토벤의 마지막 교향곡 9번(부제: 합창)의 연주를 CD 한 장에 담을 수 있기를 바란다는 카라얀의 의견이 적극 받아들여진 것이다.

지휘자가 존재하는 이유는 단원들 간의 교감을 이루기 위함이다. 눈을 맞추며 무언의 소통을 하는 것인데, 카라얀이 가끔 눈을 감는다는 것은 그만큼 지휘자와 단원 사이에 호흡이 완전히 일치하여 교감을 이루기 때문에 가능한 것이다.

그런데 아예 지휘자가 없는 오케스트라가 있다. 그것도 벌써 45년 역사를 자랑한다. 미국 뉴욕에 있는 '오르페우스 체임버 오케스트라(OCO)'이다. 1972년 탄생했다. 줄리아드 음대 출신의 프리랜서 첼리스트 줄리언 파이퍼가 창단자이다.

30여 명 내외의 단원으로 구성된 OCO는 지휘자가 없는 대신 리더가 존재한다. 리더(악장)는 번갈아 가면서 투표로 뽑는다. 악장은 단원들 간의 의견 충돌을 중재하고 해결책을 제시하며 화합을 도모한다. 나이와 경력이 높다 하여 목소리에 힘이 실리는 것은 아니다. 철저히 수평적인 커뮤니케이션을 추구한다. 어느 한 사람이라도 다른 의견이 있으면 앞으로 한발자국도 나아가지 않는다. 만장일치가 될 때라야 비로소 연습을 할 수 있다.

여기서 만장일치란 독재 정치처럼 한 사람의 의견을 무조건 추종한다는 의미가 아니다. 서로 다른 의견을 조율해 가면서 다른 의견을 제시한 사람이 수용할 수 있을 때까지 토론하고 이해하는 과정을 거치며 납득할 수 있을 때까지 공감대를 형성한다는 의미이다.

곡에 대한 해석의 방향이 한번 결정되면 그 이후부터는 만장일치로 의견이 모아진 만큼 전원이 한 치의 의심 없이 한마음이 된다. 이 과정 속에서 단원들 간의 신뢰는 견고하게 형성된다.

OCO는 카네기홀에서 공연할 정도로 실력도 쟁쟁하다. 상호 간의 눈빛과 몸짓이 지휘자의 지휘봉을 대신한다. 카라얀이 지휘자의 존재감을 확실하게 인지시켰다면, 오르페우스 체임버 오케스트라(OCO)는 단원들의 존재감을 확연히 보여준다.

이런 원리를 축구, 야구와 같은 스포츠에도 적용해보면 어떨까? 감독을 빼고 코치도 빼면 무슨 일이 벌어질까? 그동안 수동적으로 지시를 받고 코칭을 받아왔던 팀원들은 이제 서로 적극적인 의사소통을 하지 않으면 안 될 것이다. 더 똘똘 뭉치고 능동적으로 뛸 것이다. 물론 혼란이 있을 것이다. 하지만 그 과정 속에서 생존의 방법을 배우고 터득하지 않을까?

인생의 묘미는 풍요로움에 있지 않다. 오히려 부족하고 채워지지 않은 빈약함에서 창의성과 혁신이 싹튼다.

집단에서 벗어나 홀로 설 수 있다는 믿음

집단생활을 하다가 그 울타리 밖으로 나오게 되면 누구나 두려움과 외로운 감정을 갖게 된다. 혼자서 세상을 살아갈 수는 없다. 관계 또는 비관계의 세상 속에서 누군가의 도움을 받지 않을 수도 없다. 그렇다고 자신이 해도 될 일을 남이 해 주길 바라거나 의존해서는 제대로 살아갈 수 없다. 다른 사람이 도움의 손길을 내밀 때는 도움을 요청한 사람이 스스로 해결할 수 없다는 것을 알기 때문이다. 어떠한 관계 속에서 무슨 일을 하든 홀로 설 수 있다는 믿음을 갖는 것이 중요하다. 이런 마음가짐이 없으면 의존의 대상과 주변 환경이 바뀔 때 쉽게 무너질 수 있다. 자전거를 배울 때 처음엔 도움을 받지만 혼자 힘으로 타려면 넘어질 걸 각오해야 한다. 홀로 설 수 있다는 믿음이 독립을 이루게 한다.

세상에서 가장 아름다운 악기는 다름 아닌 인간의 목소리라고 했던가. 그렇다면 인간의 목소리와 가장 닮은 악기는 무엇일까? 그것은 편안하고 안정적인 중저음 음색의 매력을 가진 첼로다. 크고 무거운 첼로는 다루는 데 불편할 뿐 아니라 같은 현악기인 바이올린의 그늘에 가려졌던 악기였다. 게다가 관현악단 속에서만 연주해 제대로 개성을 드러내기도 어려웠다. 그런데 첼로의 개성과 매력이 제대로 드러나도록 한 인물이 있었다.

첼로라고 하면 떠오르는 작곡가는 바로 바흐^{Johann Sebastian Bach}다. 바흐라고 하면 떠오르는 곡은 무반주 첼로곡. 지금은 워낙 유명한 곡이지만, 이 진주를 세상 속으로 끄집어낸 사람은 스페인 태생 연주가 파블로 카잘스^{Pablo Casals}다. 그가 13살이 되던 해인 1889년은 프랑스 혁명 100주년이자 에펠탑이 완공된 뜻 깊은 해이기도 했는데, 바르셀로나 거리의 한 중고서점에서 우연히 바흐의 '무반주 첼로 모음곡' 악보를 발견한 것이 계기가 되었다. 연주를 하는 데 상당한 기교를 필요로 하는 난해한 곡이었다. 파블로 카잘스는 무려 40년 가까이 연주 연습과 연구를 반복하며 결국 바흐의 무반주 첼로 곡을 레코딩하는 데에 성공하였고, 오늘날 가장 유명한 EMI의 명음반 중 하나가 되었다.

바흐

파블로 카잘스

세바스찬 바흐의 무반주 첼로 조곡은 모두 6곡으로 1700년대 초에 작곡되었다. 바흐의 무반주 첼로곡은 각종 콩쿠르나 입시 출제곡으로도 가장 많이 출제되는 곡으로 예비 첼리스트라면 필수적으로 연주해야 하는 곡이다. 가장 유명한 곡은 1번 1악장 'Prelude'이다. 바흐의 무반주 첼로 조곡은 첼로 한 대만을 가지고 연주하며 **통주저음의 반주 효과까지 낸다. 기존에는 없던 완전히 새로운 방식이다. 악기는 합주 형태로 어우러지며 감동의 하모니를 만들어 내지만, 단독으로 연주할 때에는 본래 자신의 원음으로 개성을 드러낸다.

하지만 당시 이런 독주의 기회는 흔치 않았다. 그래서 솔로 악기의 독주 형태는 '무반주'라는 수식이 따랐다. 여러 악기의 합주가 일반적이었기 때문이다. 바흐는 첼로만을 위한 곡을 만들었고 카잘스는 이를 세상에 알리는 역할을 했다. 바흐가 제조사라면 카잘스는 마케팅을 한 셈이다. 바흐가 활동한 바로크 시대가 지난 후에는 피아노가 통주저음이 했던 반주 역할을 했다.

하나의 악기는 그 자체로 완전하다. '무반주'의 수식어가 항상 따라붙는 바흐의 첼로 모음곡은 무리 속에 있는 것만이 항상 의미가 있는 게 아니라는 점을 깨우쳐 준다.

지금 하던 일을 가만히 멈추고 바흐의 무반주 첼로곡 1번 1악장 'Prelude'를 한번 감상해보라. 다른 악기의 반주 없이 첼로 하나만으로도 이렇게 아름다운 천상의 소리를 낼 수 있다는 사실이 새롭게 느껴질 것이다.

** 통주저음(通奏低音) : 바로크 시대의 독특한 반주 양식인데, '숫자가 붙은 베이스'라고 부르기도 한다. 작곡가가 제일 아래 성부인 베이스만 적어 놓으면, 위 성부를 맡은 연주자들이 일정한 약속에 의해 베이스 밑에 쓰여진 숫자에 따라 즉흥적으로 화음을 붙여 반주 성부를 완성하는 주법을 말한다.
출처 : 네이버캐스트

완벽한 준비가 될 때까지 기다리지 말라

　누구나 무슨 일을 새롭게 시작할 때에는 무엇이 '갖춰져야 하는지'를 따져보게 된다. 구직을 위해서는 면접을 볼 때 입을 정장이 필요하고 기업이 요구하는 어학 실력이나 자격증 등을 갖춰야 한다. 구상했던 새로운 사업을 하기 위해서는 사무실도 필요하고 사람도 구해야 하며 투자자도 찾아야 한다.

　필요한 환경과 조건들이 완벽히 다 갖춰진 후에 원했던 일을 시작할 수 있으면 좋겠지만, 그러기 위해서는 많은 자원과 시간을 필요로 한다. 제반 여건들이 다 갖춰졌다고 해서 꼭 성공할 수 있을지도 의문이다. 무슨 일을 하기로 마음먹었다면 차라리 부족한 상황에서 시작하는 게 낫다. 부족함은 에너지이다. 그 빈 공간이 채움을 위해 에너지를 끌어당기는 동인이 될 수 있다. 내가 만약 만 권의 책을 읽고 나서 글을 쓰기로 했다면 아마 단 한 권의 책도 쓰지 못했을 것이다. 일단 시작하면 길이 보이게 마련이다. 모든 걸 다 갖추길 기대하는 것은 그만큼 실패에 대한 두려움이 크기 때문이다. 가볍게 시작하라. 시작이 무거울수록 부담은 커지고 도전정신보다는 처음부터 갖춰놓은 것들을 잃을지도 모른다는 두려움이 커진다.

미술관이라고 하면 실내의 큼직한 공간을 떠올리게 된다. 나는 미술관을 매우 좋아해서 기회가 있을 때마다 찾곤 한다. 미술 작품의 기운을 받으면 왠지 모르게 창의적인 세계에 나 또한 동참한다는 생각이 든다. 그런데 미술관은 실내에 있다 보니 어둡고 답답한 단점이 있다. 햇볕이 들도록 지붕을 뻥 뚫고 시원하게 벽과 벽을 허물고 서로 이을 순 없을까? 그것이 가능할까? 가능하다. 관점을 바꾸면 얼마든지 상상을 현실로 바꿀 수 있다. 지붕도 없고 벽으로 둘러싸여 있지 않은 미술관이 있다. 그것은 벽화마을이다.

광주광역시 양림동 〈펭귄마을〉 작품들

광주 양림동 펭귄 마을은 한때 화재가 났던 곳이었다. 그때 전소된 집과 비워진 집들에서 쏟아져 나온 생활용품들이 아무렇게나 보기 흉할 정도로 널브러져 있었는데, 마을 주민 K씨가 버려진 것들을 하나 둘씩 수거해서 마을 벽면에 전시하기 시작한 것이 계기가 되었다.

펭귄마을의 명칭이 붙여진 유례는 젊은 사람들이 하나 둘 떠나 버리고 어느새 노인들만 남게 되었는데, 나이가 들어 팔, 다리, 무릎 관절염으로 제대로 거동조차 하지 못하는 모습이 마치 펭귄 같다 하여 불리게 되었다고 한다. K씨의 아이디어는 빛을 발휘하기 시작했다. 차츰 입소문이 나면서 이제 이곳으로 놀러 오는 젊은 사람들이 많아졌다. 조금이라도 색다른 게 있으면 찾는 데 주저하지 않는 나도 딸아이와 함께 가서 추억의 설탕 뽑기도 했다.

아이러니한 건 펭귄마을이 이처럼 지역의 명소가 된 데에는 화재로 몇몇 집들이 전소된 불행에서 비롯되었다는 점이다. 빼면 누군가는 채운다는 말이 그대로 적용되었다. 마을을 떠났던 할머니 할아버지의 자식들, 그리고 그들의 손주 손녀가 이제는 손에 손을 잡고 이곳에서 옛 추억의 그리움을 느낀다.

만약, 예술품을 전시하고 사람들을 모으기 위해서는 큼지막한 전시 공간과 시설이 있어야만 한다고 생각했다면 펭귄마을과 같은 '거리 미술관'은 나오지 않았을 것이다.

넓게 생각하고 좁게 실행하라

생각은 고르고 넓게 하는 것이 좋고, 실행은 한 방향으로 좁고 깊게 하는 것이 좋다. 지금까지 지식과 정보가 이처럼 폭넓게 공유되는 시대는 없었다. 과거에는 알기 힘들었던 맛집의 비결부터 실패를 딛고 성공의 반열에 오르는 많은 사람들의 이야기들은 마음만 먹으면 쉽게 찾아볼 수 있다. 그렇다면 그만큼 성공하는 사람들도 많아져야 할 텐데 왜 여전히 성공하는 사람들은 적을까?

아는 것은 힘이다. 그런데 그 힘을 실천하는 데 쓰지 않았기 때문에 성공하지 못한 것이란 말은 맞다. 하지만 생각을 해보자. 아는 것은 많지만 실제 행동으로 옮기지 못했던 이유가 무엇인지를. 그걸 방해하는 요인이 있었던 것은 아닌지를. 실행력이 약하다고 무작정 스스로를 비하하지는 않았는지를.

지금까지 성공하지 못했던 이유는 무언가를 하지 않았기 때문이 아니다. 중요하지 않은 것들을 버리지 못했기 때문이다. 머릿속을 점유하는 무수히 많은 생각들이 과감한 결단과 실행을 방해하였기 때문이다.

비우고 버릴수록 내가 할 일과 목표가 명확해진다. 앞으로 나아가고자 하는 당신의 눈앞을 가리고 있는 자욱한 안개를 거둬야 한다.

성공에 대한 방법을 몰라서 성공하지 못하는 게 아니다. 너무 많은 성공법들 중에서 내게 적합한 것을 제외하고 버려야 할 그 나머지가 무엇인지 잘 모르기 때문이다.

나에게 맞지 않는 것들을 깨끗이 치워야 한다. 새로운 카드를 손에 쥐려 하기 전에 이미 들고 있는 카드 중에서 버릴 것이 무엇인지부터 찾으라. 옥수수를 잘 키우기 위해서는 비료를 주고 물을 주는 것도 중요하지만, 곁가지를 제때에 잘 제거해야 본 가지의 생육이 좋아지고 알곡의 품질이 좋아지는 법이다.

투자의 귀재 워렌 버핏이 전하는 성공법은 의외로 간단하다.

첫 번째, 이루고 싶은 목표 25가지를 나열한다.
두 번째, 거기서 가장 중요하다고 생각하는 5개에 동그라미를 친다.
세 번째, 선택한 5개 목표에 집중하고 나머지 20개 목표는 깨끗이 잊는다.

이 방법은 워렌 버핏이 자신의 전용기를 10년간 운항했던 조종사와 함께 대화를 나누면서 조종사에게 전해 준 성공법이다. 워렌 버핏과의 대화에서 조종사는 5개의 핵심 목표를 제외한 나머지 20개의 목표 또한 늘 염두에 두면서 함께 달성해 나가겠다고 하자, 워렌 버핏은 단호하게 말했다. 5개 목표 이외의 나머지 목표들은 아예 생각지도 말라고. 5개의 중요한 목표를 제외한 나머지 20개 목표들도 그의 인생에서 나름 의미 있고 추구하고 싶겠지만, 오히려 선택의 집중을 방해하는 요인이 된다는 것이다.

비단 워렌 버핏의 조종사만 이런 생각을 가지고 있었을까? 버리지 않으면 힘은 분산될 수밖에 없으며, 핵심 목표에 도달할 수 없다.

버려야 핵심이 보인다. 비가 쏟아지는 날에 와이퍼를 작동시켜서 시야를 가로막는 빗물을 좌우로 계속 밀어내지 않으면 결코 앞으로 나아갈 수 없는 이치와 마찬가지다.

가지 치기

시대의 흐름을 통찰해야 하는 이유는 그것이 개인이든 사회든 간에 생존에 필요하기 때문이다.

데이터를 분석해서 인사이트를 얻고자 하는 경우가 있다. 같은 데이터를 놓고도 그것을 해석한 결과는 다를 수 있다. 그 차이는 분석하는 사람의 경험과 통찰력에서 나온다. 원석을 잘 다듬어야 아름다운 보석이 되듯이 데이터를 잘 분석하기 위해서는 가지 치기를 잘해야 한다. 어떤 판단을 올바르게 할 수 있으려면 중요하지 않은 것 또는 필요하지 않은 것을 걸러내 핵심만 남겨 본질을 잘 꿰뚫어 볼 수 있도록 필터링을 하는 게 필요하다. 필터링의 기준만 명확히 서 있으면 어떤 상대를 만나도, 어떤 대상과 마주하더라도 두려울 일은 없다.

그 어느 시대보다도 데이터 생산량이 많은 시대다. SNS가 번성하면서 데이터와 정보의 생산 주체는 과거 기업이나 정부 주도에서 일반 소비자로 이동하고 있다. 기존에는 고객과 소비자는 정보를 수동적으로 받아보고 이용했지만, 지금은 가장 적극적으로 정보를 생산하는 주체가 되었다. 집단지성이라는 신조어가 생기고, 빅데이터

소셜 분석과 소셜 네트워크 마케팅이라는 새로운 영역도 나타났다. 인류가 태초 이래 생산해온 데이터의 8~90%가 불과 최근 몇 년 사이에 발생하였다고 할 만큼 우리는 초 빅데이터 시대를 살고 있다.

그렇다면 빅데이터에서 유의미한 가치를 발견하고 미래를 예측할 번뜩이는 영감을 얻으려면 어떻게 해야 할까?

정보와 데이터의 양이 많을수록 역설적으로 올바른 해석을 방해하는 필요 없는 군더더기와 쓰레기 데이터를 걸러내는 일이 더욱 중요해진다. "Garbage in Garbage out."

빅데이터라고 해서 모든 데이터가 의미가 있는 것은 아니다. 오히려 해석을 방해하는 많은 것들이 문제가 된다. 그것들은 대개 자연적인 발생이 아닌 어떤 특정한 의도나 목적을 가지고 만들어지는 경향이 있다. 가장 흔한 예가 '물타기'이다. 필자는 직접 한 인터넷 포털 사이트에서 영화의 흥행을 결정하는 요소는 무엇인지에 대한 주제로 소셜 분석을 한 적이 있는데, 놀랍게도 악의적인 댓글이나 평가가 상당 부분 존재함을 발견했다. 특히 정치와 관련이 있는 영화일 경우에는 더 심했다. 상품도 마찬가지다. 악의적으로 상품의 이미지를 떨어뜨리려는 의도가 느껴지는 댓글과 평가들이 눈에 띄었다.

영화의 경우는 평점이 극한으로 치달았다. 그렇다면 이 비정상적인 데이터를 어떻게 거르느냐가 관건이다. CGV는 이 문제를 영화를 실제로 본 대상자들만 평가를 할 수 있게 함으로써 해결했다. 실제로 CGV의 평들은 극히 일부를 제외하면 진성 데이터가 대부분이다.

빅데이터 분석의 목적은 인사이트를 얻는 것이다. 하지만 본질을 흐리는 데이터 때문에 전혀 다른 해석을 하게 된다면 본연의 목적은 이룰 수가 없다. 오류 데이터가 적은 것 같지만 본말을 전도할 수 있을 만큼 영향이 큼을 인지해야 한다. 데이터의 거대함에 기가 눌리지 않는 것도 필요하지만, 방대한 데이터를 분석했다고 해서 확신을 갖는 것은 금물이다.

빅데이터 분석의 완결은 '빼는 것'이다.

필요함을 얻으려면 불필요한 것을 걸러내야 한다.

가려야 보인다

무엇인가를 잘 보려면 시야를 가린 장애물을 잘 치워야 한다. 하지만 때로는 반대로 가려야 잘 보이는 경우도 있다. 인간은 감각 중에서 시력에 가장 의존하는 동물이다. 박쥐는 눈이 보이지 않을 만큼 시력이 쇠퇴했지만, 대신 청력이 매우 발달해서 캄캄한 밤 작은 소리만 듣고도 사냥을 한다. 개는 후각이 매우 발달해 수 킬로미터 떨어진 곳의 냄새도 맡을 수 있다. 하지만 어느 하나의 감각이 뛰어날수록 자칫 그것이 방해를 받을 때는, 오히려 더 위험할 수도 있다. 그럴 경우 다른 대체감각이 보완을 해 주어야 한다. 하지만 생명체는 어느 하나의 감각이 뛰어날수록 다른 감각들은 덜 발달된 경우가 많아서 주된 감각이 제 기능을 할 수 있도록 그것을 방해하는 요소들을 제거하는 게 현명하다. (방해 요소를) '가려야 보인다'는 것은 바로 이런 이유이다.

1886년 존 펨버튼에 의해 개발된 지도 벌써 130년이 지난 오늘날까지도 여전히 건재한 음료 '코카콜라'는 하루에 20억 잔 이상이 팔리고 있다. 다양한 건강음료가 등장하면서 코카콜라의 판매량은 전성기 때만큼은 아니지만 여전히 독보적이다. 그 탄탄한 배경은 무엇일까? 여러 이유가 있겠지만, 거기에는 '특허의 포기'에 있다. 만약 코카콜라가 제조 기법을 특허로 등록했었다면? 특허는 발명한 기술을 독점으로 쓸 수 있지만 20년을 다 채우면 누구나 쓸 수 있도록 공유된다. 하지만 코카콜라는 특허를 버린 덕분으로 130년이 지난 지금까지도 제조법이 철저하게 비밀로 유지되고 있다.

잘나갔던 코카콜라도 한 때 펩시의 반란이 시작되었던 1970년대 이후에 아찔했던 순간이 있었다.

펩시콜라   코카콜라

'펩시 챌린지Pepsi Challenge'라고 하는 일종의 블라인드 테스트로 펩시는 맛 하나로 거인 코카콜라와 겨뤄 승리를 거둔다. 코카콜라와 펩시콜라의 브랜드를 가리고 순수한 맛으로만 소비자들이 선택하게 한 결과 대부분 펩시가 맛있다고 손을 들어준 것이다. 브랜드를 가리자 소비자들은 펩시 특유의 단맛과 톡 쏘는 맛을 더 선호했는데, 결정적으로 코카콜라의 역사적인 '실수'를 이끌어내게 된다.

당황한 코카콜라는 펩시와 비슷한 맛을 내는 신제품을 개발하여 경쟁 상대를 제압하려 한 것이다. 이때 나온 제품이 '뉴코크New Coke' 다. 코카콜라는 이제 소비자들이 특유의 문양이 새겨진 자신의 병을 더 많이 집어 들겠거니 생각했지만, 예상과는 달리 오랫 동안 코카콜라의 맛에 길들여진 팬들의 거센 항의를 받아야 했다.

사람들은 '눈에 보이는' 코카콜라를 집어들 때에는 코카콜라 본연의 맛을 기대했던 것인데, 이전과는 달라진 맛에 실망을 했던 것이다. 결국 부랴부랴 코카콜라는 옛날 맛으로 되돌아가야 했고, 이를 효과적으로 알리기 위해 제품명에 '클래식Classic'을 덧붙이게 된다. 그래서 나온 제품이 '코카콜라 클래식CocaCola Classic'이다. 뉴코크를 개발하지 않았더라면 붙을 필요가 없는 '클래식Classic'의 명칭을 통해 다시 옛날 맛의 코카콜라라는 것을 강조하기 위해서였다. 코카콜라는 이 사건을 계기로 큰 교훈을 얻었다. 사람들이 제품을 선택하는 것은 '맛'보다는 '브랜드'라는 것을 처절히 깨달은 것. 블라인드 테스트는 브랜드를 가리기 때문에 '맛'에 의해 제품을 고를 수밖에 없지만, 실제 제품은 브랜드가 붙여져 팔린다는 것을 간과한 것이다.

어쨌든 이 사건을 계기로 코카콜라의 그늘에서 벗어나지 못했던 펩시는 제품의 맛에서만큼은 큰 자신감을 얻게 되었고 펩시의 존재감을 확실하게 알릴 수 있는 계기를 만들었다. 마케팅의 중요성을 덩달아 깨달은 펩시는 이후 브랜드 강화에 좀 더 신경을 쓰게 된다.

코카콜라의 최대 장점은 오래된 역사이다. 그런데 펩시는 역으로 이를 '오래된(old)' 이미지이고 자신들은 상대적으로 '젊은(young)' 이미지로 대조시켜서 젊은 층에 어필했다. 그 수단으로 마이클 잭슨을 비롯해 브라질 축구 스타 호나우지뉴, 영국의 미남 축구 선수 베컴, 팝 대중 인기가수 브리트니 스피어스 같은 젊은이들에게 최고의 인기를 끌었던 운동 선수나 연예인을 모델로 내세워 큰 방향을 이끌게 된다.

기업이 그토록 중요하게 생각하는 브랜드란 무엇일까? 한마디로 브랜드란 고정관념을 심는 것이다. 그 고정관념은 다양하고 지속적인 프로모션이나 광고, 캠페인 등을 통해서 제품의 이미지가 대중의 머릿속에 서서히 각인된다. 그래서 사람들은 익히 아는 브랜드가 있으면 그 브랜드를 믿고(보고) 제품을 산다. 또한 제품을 먼저 보게 되더라도 브랜드가 무엇인지 꼭 확인한다.

그런데 브랜드로 구매하는 방식을 흔들어 놓은 것이 바로 '블라인드 방식'이다. 브랜드를 가린다면(Minus) 사람들은 제품의 질을 볼 수밖에 없다. 물론 실제 현실에서는 브랜드를 눈에 띄도록 잘 붙여 놓겠지만, 중요한 건 어떤 브랜드를 가렸을 때 드러나는 현상이다. 브랜드에 가려진 약점이 비로소 보이게 된다. 때로는 드러난 약점들을 브랜드 네임이 커버를 하는 경우도 있을 만큼 브랜드의 힘은 막강하다. 반대로 강한 브랜드가 작은 약점들로 인해 흠집을 얻어 신뢰를 잃는 경우도 있다.

어떤 생각한 브랜드가 있다면 그 브랜드를 가려(Minus) 보라. 그럼 무엇이 보이는가? 그것이 브랜드에 가려져 잘 보이지 않았던 본연의 모습이다.

가려야 비로소 보이는 것들

다음 단어들의 공통점은 무엇일까?

모자이크, 황금 락카, 종달새, 클레오파트라, 퉁키, 고추아가씨, 하와이, 연필, 코스모스, 캣츠걸, 우리동네 음악대장, 백수탈출, 로맨틱 흑기사, 불광동 휘발유, 에헤라디오, 팝콘소녀, 양철로봇.

답은 초대부터 45대까지(2016. 12월 기준) 복면가왕 우승자의 닉네임이다. 일요일 저녁이면 오순도순 모여 앉아 시청하는 풍경이 이젠 일상이 될 정도로 인기가 높은 프로그램 '복면가왕'은 동시간대 시청률 1위로 당당히 안방을 독차지하고 있다.

가수가 닉네임에 어울리는 가면을 쓰고 무대 위에 오르는 순간 청중들은 잔뜩 기대를 모은다. 한참 인기를 끌었던 '나가수'와 가장 큰 차이점은 '가면'을 썼다는 점이다. 단지 가면 하나 쓴 것뿐인데 이토록 반향이 큰 이유는 무엇일까? 먼저 가수 입장에서 일반 무대와 다른 점은 다음과 같다.

첫째, 얼굴을 포함한 외모의 정체성이 사라진다.

복면가왕의 한 장면

둘째, 노래에 더 집중할 수 있다.
셋째, 실력 위주의 대결을 펼칠 수 있다.

얼굴을 가리면 거의 전체를 가린 것 같은 효과가 있다. 게다가 자신의 노래가 아닌 다른 가수의 노래를 하면 아주 특별히 개성 있는 목소리가 아니면 누구인지 잘 분간이 가지 않는다. 가면을 쓴 가수는 오로지 노래 실력 하나로 승부를 걸 수 있다.
그렇다면 청중 입장에서는 어떤 점이 달라질까?
첫째, 외모가 아닌 노래에 집중할 수 있다.
둘째, 가면 속의 얼굴이 누구인지 궁금해진다.
셋째, 선입견을 갖지 않고 즐길 수 있다.

대개 가수들은 그동안 형성해온 이미지란 게 있다. 화가에게 화풍이 있듯이 가수는 자신만의 목소리와 창법이 있다. 그 개성은 얼굴과 매칭이 되어 사람들의 머릿속에 남는다. 그런데 얼굴을 가리는 순간 목소리 하나에만 온 신경이 집중된다. 사람 심리가 하지 말라면 하고 싶은 것처럼 얼굴을 가리면 누군지 더 보고 싶게 마련이다. 다음 방송 시간이 기다려지는 이유다. 자연스럽게 시청률은 올라간다.

복면가왕의 핵심은 '정보'를 빼는 것(Minus)에 있다. 빼면서 기존에 없던 효용이 생겨난다. 얼굴을 가림으로써 무대 위에서 만큼은 신인 가수나 중견가수 할 것 없이 계급장 떼고, 노래의 본질인 목소리와 실력만으로 대중의 인기를 가늠하게 된다.

> 정말로 전하고자 하는 것을 일부러 숨기는 작업을 통해 무언가를 즐겁게 발견할 수 있는 기회를 다채롭게 만들어 갈 수 있죠. 숨긴다는 것은 '출현할 순간'을 만들어내는 것과도 연결되어 있어요.
> - 사토 오오키 〈넨도 디자인 이야기〉

보이는 것이 본 모습을 가린다. 대학 예체능 실기시험을 볼 때 얼굴을 가리는 것도 같은 원리이다. 가려야 보인다. 가려야 진정한 실력을 가릴 수 있다.

Chapter 06

가벼워야
날 수 있다

잘 잊는 법

　살다 보면 성공을 하는 데 좋은 기억력이 여러모로 도움이 되지만 그 반대의 경우도 필요할 때가 있다. 이른바 자신에게 도움이 되는 방향으로 '잘 잊는 법'이다. 사회생활을 하다 보면 나의 의지와는 상관없이 어떤 일이 결정되거나, 나의 의도와는 무관한 결과로 상처를 받기도 한다. 물이 있으면 불이 있고, 양지가 있으면 음지가 있듯이 기쁨과 행복만이 인생의 현실 앞에 놓이는 것은 아니다. 필연적으로 슬픔과 괴로움이 찾아든다. 그럴 때 필요한 것이 회복 탄력성이다. 슬픔과 괴로운 감정 자체가 나쁜 것은 아니다. 인간은 고통과 어려움을 극복하는 과정 속에서 더욱 성장하기 때문이다.

　중요한 건 앞으로 살아갈 더 중요한 날들을 위해서 적절한 방법으로 빠르게 원상으로 회복하는 것이다. 흔히 시간이 약이라고 한다. 왜 그 당시엔 못 잊을 것 같고 못 견딜 만큼 괴로운 일들도 시간이 지나고 나면 잊혀지는 것일까? 시간에 마법이라도 걸린 것처럼. 그 원리는 1장 서두의 '아침에 아이디어가 샘 솟는 이유'에서 설명한 뇌가 기억회로를 재구성하는 방식을 다시 한번 참고하기 바란다. 기억 저장소인 뉴런과 뉴런을 연결하는 시냅스는 자주 쓰지 않을 경우

그 연결고리가 약해지거나 지워진다. 시키지 않아도 뇌가 알아서 하는 일이다. 이 원리를 이용하면 '잘 잊는 법'의 비결을 찾을 수 있다. 시간이 지난다고 모든 것이 자동으로 잊혀지는 것은 아니다. 아주 오래 전의 기억도 평생을 기억할 수 있고 바로 하루 전의 일도 그 다음날 영원히 잊어버리는 일이 상존한다. 그렇다면 잊고 싶은 기억을 어떻게 하면 잘 잊을 수 있을까? 자주 사용하지 않는 기억은 지워진다는 원리에 해법의 열쇠가 있다.

첫째, 몰입할 수 있는 재미난 새로운 일을 만든다.

옛 연인을 잊기 위해서는 새로운 연인을 만나는 것이 방법이듯 무언가를 잊으려면 새로운 기억을 만드는 것이 도움이 된다. 그러다 보면 차츰 어두운 기억을 떠올리는 빈도수가 줄게 되고, 잘 쓰지 않은 만큼 기억에서 사라져간다. 인간의 뇌는 무한한 능력을 가진 것 같아도 이런 '맹점'이 있어 얼마나 다행인지 모른다.

둘째, 연상되는 장소나 사람 또는 사물들을 멀리 한다.

뇌의 기억회로는 단서 하나하나가 서로 다른 기억 저장소와 연결되어 있어 희미했던 기억도 어떤 연관된 단서로 작은 불씨가 환하게 다시 켜질 수 있다. 그걸 무뎌지게 하려면 주위 환경을 정리하는 게 필요하다. 사람의 관계라는 것이 눈앞에서 멀어지면 그만큼 멀어지듯이, 눈에 띄는 빈도수를 줄이면 자연스레 멀어지게 된다. 마시멜로 2번째 실험에서 마시멜로를 눈에 보이지 않게 뚜껑을 달았더니 아이들이 기다리는 시간이 거의 2배 가깝게 늘어난 것이 그 예이다.

기억하는 것만큼 잘 잊는 것이 중요하다. 그래야 새로운 일에 더 잘 매진할 수 있고, 좌절과 실패를 겪었을 때 깊은 침울함으로부터

빠져 나와 원기를 회복할 수 있다. 성공하는 사람은 100전 100승이
아니라, 100번 싸워서 100번 넘어져도 101번째 일어나는 사람이다.
그러기 위해서는 무엇보다 먼저 잘 잊어야 한다.

키스를 할 때 눈을 감는 이유

인간은 여러 가지 본능을 가지고 있다. 아름다운 것을 보면 감동을 느끼고, 위험한 것은 직감적으로 피하거나 방어한다.

인간은 키스를 할 때 왜 본능적으로 눈을 감는 걸까? 둘 사이의

영화 '바람과 함께 사라지다' 포스터

거리가 밀접하게 가까워져 눈의 초점을 맞추기 어렵기 때문에 눈을 감는 걸까? 아니면 너무 가까이 마주 보기가 쑥스러워져 순간 일부러 눈을 감는 것일까? 여러 가지 이유가 있겠지만, 키스를 할 때 눈을 감는 이유는 행복감을 최대한 음미하기 위함이 아닐까 한다.

아내가 정성스럽게 요리한 음식을 남편에게 맛을

보라고 할 때, 누가 가르쳐 준 것도 아닌데 남편은 두 눈을 감고 맛을 본다. 시각 정보를 차단함으로써 오로지 맛을 음미하는 것에 집중하기 위한 본능이다. 우리의 뇌는 끊임없이 'On' 되어 있는 두 눈에 들어오는 시각 정보를 처리하느라 피곤하다. 그래서 쉬고 싶을 때는 자연스럽게 두 눈을 지그시 감는 것이다.

하나의 감각이 OFF 되면 나머지 감각은 더 예민해진다. 눈을 감으면 피부의 감촉으로 신경이 집중된다. 무대 위의 조명이 분산되어 여러 개로 비출 때보다 단 하나의 조명이 어둠을 뚫고 한 곳을 비출 때 관객들은 더 집중을 할 수 있는 것처럼, 뇌가 처리하는 정보의 양과 종류를 줄일수록 남아 있는 감각은 더 강렬한 인상을 받는다.

무언가 몰입을 하고 집중을 해야 할 때라면, 무엇을 정리하고 무엇을 버려야 할지를 생각하라. 챙겨야 할 것이 적고, 생각해야 할 것이 적을수록 몰입도는 깊어진다.

단조로운 반복이 지속 가능한 힘을 만든다

'텔미 텔미 테테테테테 텔미~'

예전에 참 많이 따라 불렀던 노래. 절대로 제목만큼은 잊어버릴수 없는 노래. 바로 2007년 'The Wonder Years'라는 첫 정규앨범 타이틀곡으로 전국을 '텔미' 열풍으로 잠을 재운 걸그룹 원더걸스의 노래 '텔미'이다. 당시 'Tell me'의 인기는 가히 폭발적이었다. 각종 TV 음악 프로그램과 인터넷 뮤직 차트를 완전히 휩쓸고 다녔다. 원더우먼의 동작을 일부 본뜬 안무, 살랑살랑 춤, 찌르기 춤과 같은 다소 쉬운 복고풍의 댄스 동작을 많은 이들이 따라 했다. 박진영이 멤버 구성부터 작사, 작곡, 편곡에 무대 안무에 이르기까지 전반적으로 기획을 잘한 덕에 대박을 터트릴 수 있었을 것이다.

그렇다면 노래만 놓고 봤을 때, 'Tell me'가 유독 대중의 혼을 쏙 빼놓은 비결은 무엇일까? 어떤 사람은 그것을 '동일 음과 가사의 반복' 효과라고 하고, 또 누구는 '단조롭고 따라 부르기 쉬운 리듬과 춤'이라고도 한다.

이 둘의 공통점은 '간결함'이다. 간결함은 복잡함의 반대 개념이다. 반복과 간결함은 어떤 관계가 있을까? 가사의 반복은 가사의 복잡성을 줄인다. 마찬가지로 선율의 반복은 선율의 복잡성을 줄인다. 반복으로 얻는 효용은 무얼까? 그것은 쉽게 익혀진다는 것이다. 그만큼 대중의 머릿속에 빠르게 각인이 될 수 있는 것. 'Tell me'의 가사가 실제로 얼마나 반복되는지 세어봤다. 무려 58번이 나온다. 3~4분 정도의 짧은 시간 동안 이렇게 많이 반복적으로 나오는 'Tell me'라는 단어, 그것도 노래 제목이기도 한 Tell me의 반복은 결코 잊으려야 잊을 수 없게 만든다. 원더걸스는 이듬해인 2008년 'The Wonder Years-Trilogy' 앨범의 타이틀 곡 'Nobody'로 히트행진을 이어갔다. 'Nobody'는 가사의 반복이 Tell me를 훨씬 뛰어넘는다. 무려 66번이나 'Nobody'가 등장한다. 노래방에 갈 때 부르고 싶은 곡 제목이 생각나지 않는 경험을 했던 적이 있을 것이다. 하지만 예외가 있으니, 바로 'Tell me'와 'Nobody'이다.

베토벤 전원 합창곡은 4악장까지 연달아 감상하려면 74분을 꼼짝하지 않고 앉아서 들어야 한다. 클래식은 길이가 길고 대중가요는 짧다. 유행가가 저변이 넓은 가장 큰 이유는 간결함에 있다. 그 간결함을 이루는 요소는 짧고 쉬운 가사, 반복된 후렴구, 단조로운 선율과 리듬이다. 그 중에 핵심은 '반복'이다. 이처럼 대중가요의 히트 비결에도 '마이너스Minus' 원리가 적용된다. '반복'은 개인의 삶에도 상당한 영향을 끼친다.

사람은 '반복된 삶'을 지루해 하거나 기피하려는 심리가 있다. 하지만, 오히려 이러한 '반복'이 삶을 피곤하지 않게 하고 마음을 안정시키는 역할을 한다는 점을 알아야 한다.

우리의 하루 일과를 들여다 보면 매일 '반복'되는 부분이 있다. 일어나는 시간, 잠자는 시간, 식사하는 행위, 커피 한잔 하기 등 이루 헤아리기 힘들 만큼 반복된 행위를 한다. 반복되지 않은 부분은 많지 않다. 그런데 만약, 반복과 반복되지 않는 부분의 비율이 뒤바뀌는 삶이 계속된다면 어떨까? 다소 역동적이며 지루함을 덜 수는 있겠지만, 그만큼 상당한 에너지를 소비하기 때문에 하루하루가 피곤한 삶이 될 것이다. 피곤이 누적이 되면 병이 날 수 있고, 생명도 단축될 수 있다. 반복된 삶은 예측이 가능하고 익숙하기 때문에 마음이 편하다.

반면 반복되지 않는 새로운 상황은 긴장을 낳고 힘을 많이 소비하게 만든다. 반복과 반복되지 않는 부분의 적당한 비율은 어느 정도일까? 그 비율은 7:3 또는 8:2 정도가 적당하지 않을까 싶다. 하루가 온전히 '반복'된 삶이라면 '반복되지 않은 시간'을 만들어야 한다. 반대로 하루가 온전히 '반복되지 않는 시간'으로 꽉 차 있다면, 반복적인 시간을 만들어야 한다. '반복된 삶'을 무시하거나 결코 가볍게 생각하지 마라. 그 시간이 있기에 하루하루의 삶이 그리 고단하지 않다는 것을 잊지 않길 바란다.

불명료성이 편안함을 만든다

상대로부터 편안한 느낌을 받는 때는 어떤 때일까? 업무 외적인 관계에서는 '불명료성'이 편안함을 줄 수 있다. 너무 정확한 사리 분별, 실수 하나라도 용납하지 못하는 치밀함, 사소한 것 하나라도 기억해내는 뛰어난 머리, 너무 확실한 의사 표현 등 한마디로 섬세하고 정확한 사람에게선 왠지 썩 편안한 느낌을 갖기 힘들다. 반대로 너무 깊이 따지지 않고 적당히 판단하고, 작은 실수는 되묻지 않으며, 가끔은 기억을 못하는 머리, 상황에 맞추어 어느 정도 융통성 있게 자신의 의사를 표현하는 태도 등은 상대를 편안하게 한다. 회화에 비유하자면, 사실화나 정밀화보다는 풍경화 같은 사람이다.

나는 기회가 닿을 때마다 가끔씩 미술관을 찾는다. 일상과 자연을 사실적으로 그린 그림이 있는가 하면, 어떤 메시지나 개념을 내포하는 추상화도 있다. 역사적인 사건들을 그린 그림이 있는가 하면, 재미와 위트가 담긴 아이디어 넘치는 그림도 만나게 된다. 그 중에서 그저 마음을 편하게 해 주는 그림을 볼 때면 눈과 마음이 자연스레 정화되는 느낌을 갖는다. 그런 그림들을 소개하고자 한다.

아를의 별이 빛나는 밤, 1888 – 빈센트 반 고흐

노르웨이식 나룻배, 1887 – 클로드 모네

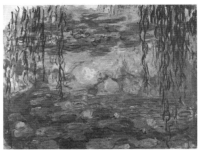

해돋이, 1872 – 클로드 모네

수련, 1919 – 클로드 모네

아를르의 포룸 광장의 카페 테라스,
1888 – 빈센트 반 고흐

위 작품은 화가들이 모두 인상파라는 점이 같다. 작품에 대해서 아무것도 모른다고 가정하고 순전히 그림을 보고서 느끼는 감정이 무엇인지 떠올려 보라. 내가 느꼈던 감정을 한 단어로 표현하면 '편안함'이다.

반 고흐의 '아를의 별이 빛나는 밤'을 가만히 살펴보면 그림의 주요 소재가 되는 별과 강에 비친 불빛, 사람의 형체를 뚜렷하지 않게 약간 뭉뚱그려서 그린 것을 알 수 있다. 점묘법이 주는 느낌일 수 있겠지만, 그림 속의 소재들은 선이 얇지 않고 두터운 느낌이다.

'아를르의 포룸 광장의 카페 테라스'는 어떤가? 전형적인 원근법으로 그린 이 그림은 특히 사람 얼굴의 이목구비를 명확하게 드러내지 않고 그저 형체의 윤곽을 구분하는 정도로 그린 것을 알 수 있다. 이런 표현 방식은 모네의 작품에서 더 두드러진다. 작품 '노르웨이식 나룻배'는 모네의 두 번째 부인 알리스의 딸들이 한가롭게 노를 저으며 낚시를 즐기는 모습을 그렸는데, 등장인물들이 화폭의 크기에서 차지하는 비중이 적지 않음에도 얼굴의 이목구비가 흐릿하다. 해돋이와 수련에서도 이런 화풍이 담겨 있다. 내가 그림을 그려본 경험에 의하면, 모델을 정확하게 그리는 것보다 대충 그리는 듯한 느낌으로 그리는 것이 훨씬 어려웠다. 고흐와 모네의 그림은 힘을 뺀 느낌이 드는데, 감상하는 입장에서는 마음이 차분히 가라앉는 느낌이 들어 긴장도 스르르 풀린다. 모네의 '해돋이와 수련'을 보면 붓을 흘린 듯한 곡선의 자연스러운 부드러움이 주는 느낌이 보는 이로 하여금 마음에 잔잔한 파문을 일으킨다. 이들 그림에서 편안함을 느끼는 비결은 힘을 빼고(Minus), 정밀함을 거둬낸 것, 즉 명확성 대신 불명확성(Minus)에 있다.

딱딱한 방바닥보다 스프링으로 힘을 분산시켜 하중을 떠받치는 침대가 편안한 이유는 몸이 닿는 순간 힘을 빼도록 하기 때문이다.

처음부터 주어지는 것은 없다고 생각하라

아무것도 없는 것에서 새로이 무언가를 추구하는 힘과 이미 가지고 있는 것을 뺏기지 않으려는 힘 중에서 어느 것이 더 강할까? 전자가 1이라면 후자는 2 또는 10 아니 그 이상일 수 있다. 도전에 따른 좌절감보다 가지고 있는 것을 잃었을 때의 상실감이 더 큰 법이다. 상실감을 보다 빨리 극복하기 위해서는 처음부터 아예 가진 것은 없었다고 생각하면 조금은 마음의 위안이 될 수 있다. 지금은 잃어버리고 없지만 과거에 가졌던 것에 계속 신경을 쓸수록 상처의 골만 깊어질 뿐이다. 있었던 것 대신에 있어야 할 무엇을 생각해야 한다. 많은 것을 가진 사람은 잃어버릴 게 많은 사람이고, 아무것도 가진 게 없는 사람은 이제 가질 수 있는 것이 많은 사람이다. 이처럼 긍정적인 생각의 밑바닥엔 탈탈 비우고 버리는 마음가짐이 자리한다.

"애초에 여러분에게는 자유가 없었는지도 모릅니다. 자유란 지키는 게 아니라 만드는 것이니까요. "

– 사회학자 고병권

우리나라 학생들은 사교육을 많이 받기로는 전 세계적으로 수준 급이다. 사회학자 고병권 교수는 부모가 자녀의 자유를 억압한다고 생각하는 것에 대해 남다른 견해를 가지고 있다. 자유는 만드는 것, 좀 더 거칠게 표현하면 '쟁취하는 것'이라는 것이다. 그의 이러한 생각은 실제 자유를 억압당한 대중들의 삶의 현장을 보고 느낀 데서 나왔다. 인간은 '계급'이라는 신분 차등을 만들어 내면서 '자유'를 제한했고, '법'이라는 통치 제도를 만들면서 행동의 틀과 기준에 선을 그었다. 그런데 이게 잘못 악용이 되면서 소수가 다수의 자유와 행복을 억압하는 일들이 발생하였고 시민들은 자유를 되찾기 위해서 많은 희생을 겪어야 했다. 지금 우리가 누리는 자유는 선현들의 피로 이룬 것들이다. 가만히 있었음에도 주어진 자유가 아니다.

　학생은 놀고 싶은 자유가 당연하다고 생각하고 부모는 그런 자유는 사치라고 생각한다. 하지만 학생이 진정한 노력을 기울일 때 비로소 자유도 얻을 수 있다. 세상은 당연히 그래야 할 것이라고 생각하는 것들이 실제는 그렇지 않을 경우가 많다. 지금 누리고 있는 작은 행복과 자유를 당연하게 생각한다면 감동과 감사하는 마음이 깃들 수 없다. 반대로 당연하지 않다고 생각한다면 감사하는 마음을 가질 수밖에 없다. 상대방의 친절을 당연하게 생각한다면 그렇지 않은 대다수 사람들의 행동은 불만스럽고, 상대의 불친절을 당연하게 생각한다면 마음의 상처를 덜 받을 수 있다. 만약 처음부터 주어지거나 너무 쉽게 얻는 것이 있다면 경계해야 할 일이다. 그럴수록 눈에 보이지 않는 함정이 도사리고 있을 가능성이 크다.

　처음부터 그냥 주어진 것은 없다고 생각하면 세상은 참 아름답게 보인다.

노래를 사랑하면 인생을 알게 된다

사랑이란 편식하지 않는 포용이다. 한 사람을 사랑한다는 것은 그 사람의 여러 가지 모습까지 가슴에 담는 것이다. 유행가의 변하지 않는 주제는 사랑과 이별이다. 사랑 속에 이별이 있고, 이별 속에 사랑이 있다. 그래서 세대, 세계를 불문하고 유행가에는 이 두 가지 상반된 주제를 담고 있다.

사람은 나이가 들수록 노래가 좋아진다. 자신의 과거 인생이 3분짜리 노래 한 곡으로 고스란히 위로받고, 이해받고, 공감되기 때문이다. 어릴 때는 동요처럼 밝은 분위기 위주의 '장조'곡을 부르지만, 커가면서 어두운 분위기의 슬픈 느낌이 드는 '단조'곡도 알아가게 된다. 하지만 아무리 밝은 장조곡도 대부분 그 안에 붙여지는 코드는 Major 코드뿐만 아니라 Minor 코드도 함께 있다. 성격이 다른 이 두 코드가 한데 어우러져 좋은 곡이 탄생한다.

고전음악가 중 대중에게 가장 인기 있는 작곡가는 모차르트이다. 가장 대표곡인 '밤의 세레나데'라는 의미의 '아이네 클라이네 나흐트 무지크^{Eine kleine Nachtmusik}'는 워낙 유명한 곡으로 장조의 곡이다. 와그너의 '결혼행진곡', 모차르트의 '터키행진곡', 파헬벨의 '캐

논변주곡', 요한스트라우스의 '봄의 소리', 와이먼의 '은파', 슈베르트의 '군대행진곡', 쇼팽의 '군대 폴로네이즈', 마티니의 '사랑의 기쁨', 베토벤의 '엘리제를 위하여', 멘델스존의 '축혼행진곡' 등이 모두 장조의 곡이다.

모차르트

장조곡은 밝고 경쾌하며 씩씩한 느낌을 준다. 주제를 명랑하고 화사하게 표현할 때 작곡가들은 조성을 장조로 만든다. 반대로 다소 쓸쓸하고 슬픈듯 하며 긴장감을 불러일으키는 소위 말해 '분위기 있는' 곡은 단조곡이 많다. 베토벤의 '운명교향곡', '월광', 쇼팽의 왈츠(op.64 no.2), 멘델스존의 '봄 노래', 리스트의 '사랑의 꿈', 헨델의 '사라방드', 랑게의 '꽃 노래', 브람스의 '헝가리 춤곡', 차이코프스키의 '안단테 칸타빌레', 드뷔시의 '꿈', 비제의 '하바네라' 등은 모두 단조곡이다. 하나 같이 불후의 명곡들이다.

여기서 문제 하나! 장윤정이 부른 '어머나'는 장조곡일까? 단조곡일까?

정답은 단조곡. 빠른 풍의 경쾌한 댄스곡인데 단조곡이라니? 단조라도 곡의 템포와 리듬, 악기를 어떻게 구성하느냐에 따라서, 즉 편곡을 어떻게 하느냐에 따라서 느낌은 완전히 달라질 수 있다. 반대로 장조곡이라도 단조의 느낌을 가질 수 있다. 그 이유는 곡 전체를 이루는 화성의 코드 중에 Minor code가 있기 때문이다. Minor code는 기본 화성(1도, 3도, 5도)을 이루는 코드의 중간음인 3도 음을 반음 (b) 내린 것으로 Major code에 비해서 뭔가 빈 듯하고 모자란 듯하면서 완결되지 않는 불완전한 여운의 묘한 느낌을 준다. 'Twinkle twinkle little

베토벤

star~'로 시작하는 유명한 영국 동요, 우리나라에선 '작은 별'로 불리는 이 곡은 C장조의 곡으로 C, F, G7 모두 세계의 Major 코드로만 구성되어 있다. 반면 같은 C장조의 곡이라도 곡 안에 Em, Am 같은 Minor 코드로 구성되어 있는 곡들이 있는데, 장조이면서 단조의 느낌을 주는 이유가 바로 여기에 있다. Minor 코드는 장조가 가지지 못하는 부분을 채워준다. 내용이 평이하고 큰 변화의 기복이 없는 소설은 재미없고, 긴장과 극적인 위기와 반전이 적절히 섞여 있는 소설은 감동이 배가 되며 더 재미있다. 같은 이치다. Minor 코드는 Major 코드가 가지는 완전하게 채워지는 느낌을 불완전하게 살짝 떨어뜨린다. 하지만 결국 엔딩은 Major 코드로 채워 꽉 찬 느낌으로 다시 돌아가서 안정감을 갖춘다.

　삶에 비유하면 Major 코드는 안정, 정착, 평화, 고요, 평온이라면 Minor 코드는 불안, 변화, 색다른 시도, 도전이다. 이 둘이 함께 어우러질 때 감동은 극대화된다.

재미있는 점은 같은 소재인 '봄'에 대해서 장조곡과 단조곡이 둘 다 존재한다는 점이다. 요한 스트라우스의 '봄의 소리'는 장조곡이고, 멘델스존의 '봄 노래'는 단조곡이다. 같은 대상을 두고도 느끼는 주관적인 느낌과 해석은 다를 수 있다. 이것이 예술의 기본 속성이다. 나는 장조곡보다는 단조곡을 좋아한다. 마음이 가고 가슴에 와 닿는 곡들은 늘 단조곡이 많았다.

당신은 어떤 조성의 곡을 좋아하는가? 잘 모르겠다면 한번 테스트를 해보라. 아래 짝으로 예시된 노래 중에서 선호하는 곡을 마음 속으로 선택하고 나서 어떤 조성의 곡인지 나중에 확인을 해보면, 자신이 좋아하는 곡의 유형이 어디에 가까운지 대략 알 수 있다. 단, 단지 가수가 좋다는 이유로 무작정 선택하지 말고 순전히 노래의 느낌만을 생각할 것.

(문)

1. 남행열차	1. Gee
2. 사랑은 창밖에 빗물 같아요	2. 창 밖의 여자
3. 내 남자 친구에게	3. 비처럼 음악처럼
4. 라구요	4. Tell me
5. 너의 의미	5. 사랑하기 때문에
6. 벚꽃 엔딩	6. 땡 벌
7. 오래 전 그날	7. 소양강 처녀
8. 잠 못 드는 밤 비는 내리고	8. 슬픈 인연

(답)

왼쪽 열은 장조곡, 오른쪽 열은 단조곡이다. 선호하는 곡이 어느 쪽에 더 많이 차지하고 있는지를 보면 당신의 대략적인 음악적 취향을 알 수 있을 것이다.

지속성을 이끌어 내는 힘

많은 것을 전달하려고 할수록 오히려 기억에 남는 것은 없다. 많은 것을 포기하고 단 하나의 메시지만을 강조하면 하나는 남게 된다. 집중은 간결함을 생명으로 한다. 여러 가지를 동시에 추구하면서 집중할 수는 없다. 인간관계든 사업이든 모두 지속성이 중요하다. 잠깐 반짝하고 관계를 구축할 수는 있지만, 지속적으로 인간관계를 맺는 사람은 아주 극소수이다. 잠깐 반짝 매출 향상을 꾀할수는 있지만, 꾸준히 성장 곡선을 그리며 장기적으로 생존하는 기업은 많지 않다. 인간관계와 사업의 지속성에는 공통된 요소가 있다. 그것은 간결함과 집중이다. 간결함 속에 집중이 있고 집중은 간결함을 낳는다.

관계가 복잡해질수록 비밀이 많아지고, 비밀이 많아질수록 정도를 걷긴 힘들다. 지금 만나고 있는 사람에 집중하지 않고 수시로 전화를 받고, 다른 사람, 다른 일에 관심을 분산시키는 사람과 관계를 오래 지속하고 싶은 사람은 없다.

페이스북 타임라인은 대개 사진이나 그림이 포함되어 있다. 반면 이미지 없이 텍스트^{Text}만으로 되어 있는 글도 있다. 저마다 용도가 다르겠지만, 공유를 전제로 하지 않고 혼자만의 일기를 쓰는 것이 아니라면, SNS에 올린다는 것은 '공유'를 하는 것이고 이왕이면 많은 사람들이 '좋아요'를 눌러주기를 바랄 것이다. 그럴 때 필요한 전략은 '마이너스^{Minus}'.

사실 1~2분 간격으로 실시간 올라오는 뉴스와 개인적인 소소한 이야기, 사진 등을 하나하나 내용을 끝까지 다 들여다보기란 어렵다. 봐야 할 대상이 많으면 보고 싶은 것만 고르게 된다. 이제 페이스북에서 일반인들이 올리는 글들도 신문기사의 끌리는 제목처럼 쓰지 않으면 선택되어 읽혀지기 힘들 만큼 정보의 양은 끊임없이 쏟아지고 있다.

정성스럽게 올린 글이 묻히지 않고 잘 공유되기 위해서는 어떻게 해야 할까?

첫째, (꼭 그런 것은 아니지만) 가능하면 글을 짧게 쓴다.

글을 보는 사람들은 나의 글 말고도 봐야 할 글들이 줄줄이 대기하고 있다.

둘째, 하나의 이미지는 많은 문장들을 대신한다.

SNS는 직관적이고 회전이 빠르다. 짧은 시간에 간파할 수 있는 이미지를 활용하라.

셋째, 사진은 3장을 넘기지 말 것. (가장 좋은 건 단 한 장의 사진이다.)

벚꽃 구경을 가서 찍은 아름다운 수많은 사진들을 어찌 단 몇 장만 올릴 수 있으랴. 허나 페이스북에 올린 사진들은 한 장이 넘어가면 나머지 사진은 작은 사이즈로 바뀐다. 하나하나 클릭해서 확대해 볼 만큼 사람들의 마음이 너그럽다면 모르겠으나, 그렇지 않은 게 대부분이다.

그보단 가장 대표적인 사진 한 장만 올릴 것을 권한다. 단체 미팅을 나갈 때보다 1:1 미팅을 나가야 주목을 받을 수 있다.

글은 줄이고, 한 번에 많은 것을 담지 않아야 한다. 그래야 방문자들도 질리지 않는다. 줄이는 것은 늘리는 것보다 어려운 일이다.

운칠기삼運七技三에 숨겨진 인생 원리

사람이든 동물이든 식물이든 모든 만물은 자신에게 유익하게 다가오는 것보다 자신을 해치려는 대상에 훨씬 큰 강도로 반응한다. 현존하는 생물은 모두 이 원리를 따른다. 사람은 대체로 나이가 들수록 보수적으로 변한다. 가진 게 없어 잃을 게 없는 젊은 시절엔 진보적 성향을 띠다가 자수성가해서 이룬 재산이 많고 명예를 쌓은 사람은 그것을 유지하거나 최소한 잃지 않으려는 성향이 강해진다. 이뤄놓은 것을 잃지 않으려는 게 나쁜 건 아니다. 당연한 본능이다. 벌은 꿀을 딸 때는 순하지만 벌집을 건드리면 집을 지키기 위해(잃지 않기 위해) 목숨과도 같은 봉침까지 아끼지 않는다.

우리가 이 복잡한 세상을 살면서 반드시 알아야 할 것이 마이너스Minus의 원리이다. 지금까지 더하고 늘리고 얻으려는 데 익숙해져 왔다면 이제는 그 반대의 원리를 깨우쳐서 삶의 균형점을 찾아야 한다.

젊은 시절의 나는 운칠기삼運七技三이라는 말을 믿지 않았다. 성공이란 자신의 능력으로 이룬 것이지 그것을 단순히 주변으로 돌리는 것은 과잉 겸손이거나 거짓된 표현일 거라 생각했다. 하지만 나이가 점점 들면서 성공을 하는 데는 운칠기삼이 맞는 것 같다는 생각이 든다.

어느 날 A는 휴일 아침에 눈을 떴는데, 간밤에 눈이 많이 와서 바깥 풍경이 너무도 아름다워 사진을 찍었다. 그는 경기도 외곽의 한 아파트 최상층에 산다. 게다가 지대도 높아서 전망도 좋은 편이다. 집 뒤에는 전원주택 20여 채가 있고, 그 뒤로 산이 병풍처럼 드리워진 아름다운 곳이다. 그러다 그는 살고 있는 시에서 사진공모전을 하는 것을 우연히 알게 되어 그때 찍은 사진을 처음으로 출품했다. 그는 사진을 전문적으로 배운 것은 아니었지만 평소에 사진 찍기를 좋아했다. 그런데 이게 웬 일인가? 공모전에서 그는 최고 1등 금상을 수상하게 되었다.

이 이야기는 실화다. 이야기 속 주인공은 바로 2014년 당시 나 자신이다. 그렇다면 운칠기삼과 성공은 무슨 관계일까? 눈은 겨울에 자주 내린다. 그런데 밤 사이 눈이 와서 아침에 눈이 멎는 날은 어쩌다 있는 편이고, 그날 따라 눈이 내린 풍경이 참 멋있게 보였다. 만약 그때 그 광경을 그냥 보고 지나쳐 버렸다면? 만약 공모전에 응모하지 않았다면? 만약 출품 당시 필자의 작품보다 누군가가 심사위원의 마음을 더 움직인 작품을 출품했다면? 만약 그 어떤 하나라도 부합하지 않았다면 나는 공모전에서 수상할 수 있었을까?

운이란 이런 걸 말함일 것이다. 나의 능력과는 크게 상관없는 외부의 변수들이 우연히 나에게 유리한 방향으로 흘러갔을 때 어떤 예상치 못한 긍정적인 결과가 따르는 것, 그것이 운인 것이다.

어떤 성공에는 필히 운이 따른다. 그 운이라는 것은 자력으로 어찌 할 수 없는 기운이다. 성공을 이룬 사람은 겸손하게 보이기 위해서 운이 따랐다고 말하는 것이 아니다. 실제로 운이 따라야 성공도 따른다는 것을 몸소 체험했기 때문이다.

나 중심적 사고에서 벗어나면^(Minus) 비로소 운이 보이게 된다.

「설야(雪野)」, 2014년 (경기도 용인시 공모전 금상)

추억 그리고 잊혀짐

추억이 없는 인생은 헛된 인생이다. 그만큼 아름다운 기억으로 남을 만한 소중한 순간이 없는 삶을 산 것이기 때문이다. 우리는 살면서 누군가의 기억에 남기를 원한다. 직장에서는 상사의 기억에 남기를 바라고 연애를 할 때는 상대의 기억 속에 자신을 남기고 싶어 한다. 10초의 짧은 시간 동안 방영되는 광고는 제품이 청취자나 시청자의 기억에 남길 바라고, 작곡가는 감동과 마음의 정화를 주는 곡으로 사람들에게 기억되길 바란다. 시인은 감동을 주는 시로 사람들의 기억 속에 남기를 바라고, 호떡집 아저씨는 길 가는 사람들의 입맛을 만족시키는 호떡이 되기를 바란다.

누군가의 기억을 일정 부분 점유한다는 것은 참 대단한 것이다. 한 조각의 기억조차 남지 않을 만큼 아무런 관심도 받지 못하는 것만큼 슬픈 건 없을 것이다.

반면, 기억에 남는 것과는 반대로 누군가의 기억에서 잊혀지기를 바라거나 누군가를 잊고 싶은 경우도 있다. 추억을 떠올리는 것만큼이나 무엇인가를 잘 잊는 것 또한 행복한 삶을 위해서는 필요한 일이다. 매년 10월이면 어김없이 들려오는 노래, 대부분은 제목을 '10

월의 마지막 밤을'이라고 기억하지만, 원제는 '잊혀진 계절'이다. 누군가는 기억되는 걸 떠올리고 노래한다면 이처럼 기억으로부터 잊혀진 것을 떠올리는 관점으로 노래한 곡도 있다.

세상을 통찰하는 데에는 여러 방법이 있다. 뭔가를 만들고 생기게 하는 것이 '플러스Plus'라면 만든 것을 허물고, 지우고 없애는 것은 '마이너스Minus'이다. 남들이 플러스Plus'로 열심히 갈 때 조용히 '마이너스Minus'로 방향을 전환하면 거기에 아이디어가 있다. 아이디어란 같은 곳을 계속 바라보고 같은 방향으로 계속 쉬지 않고 나아갈 때가 아니라, 때로는 다른 곳을 보거나 잠시 쉴 때 나온다.

SNS가 무르익자, 이면의 그림자 또한 드러나기 시작했다. 최근에는 '잊혀질 권리(Right to be forgotten)'라고 하는 새로운 개념이 생겼는데, SNS나 인터넷에 올린 개인과 관련된 정보들을 삭제함으로써 원치 않는 불편이나 피해를 예방하려는 움직임이다. 프랑스에서는 부모라고 해도 자녀의 동의를 받지 않고 자녀 사진을 SNS에 올리면 1년 이하의 징역이나 45,000유로(약 6천만 원) 이하의 벌금을 내야 한다. 지금까지 정보의 공급과 유통(Plus 개념)이 주였다면, 정보의 회수 또는 삭제(Minus 개념)의 움직임이 시작된 것이다.

스페인의 한 변호사가 인권 침해의 위험이 있다며 자신의 개인정보를 삭제해달라고 구글에 요청을 해서 승소를 하자, 기다렸다는 듯이 4개월 간 유럽에서만 개인정보를 삭제해달라는 요청이 14만 건이 넘게 접수될 만큼 봇물을 이루었다. 구글은 요청건의 상당수를 받아들여야만 했다. 발 빠른 사람이라면 이러한 현상을 비즈니스로 연결해서 고객을 창출하는 사례가 나올 수 있을 것이다.

사람들은 먹는 게 중요한 만큼 잘 배출하는 것 또한 중요하다는 것을 안다. 다만 너무도 당연해서 쉽게 간과할 뿐이다. 마찬가지다. 플러스 사고(재산 증식, 지식 추구, 친구 사귀기….)가 중요하다는 걸 잘 알듯이, 마이너스 사고(유해한 것을 먹지 않고, 살을 빼고, 절약하고, 불필요한 지출을 줄이고, 비용을 줄이고 소요 시간을 줄이는) 또한 유용하다는 걸 잘 안다.

'빼는 사고법'이 만능은 아니다. 단지, 우리는 평소 플러스 씽킹 Plus Thinking에 너무도 익숙한 삶을 살고 있기 때문에 마이너스 씽킹Minus Thinking을 통해서 삶의 균형을 되찾아야 하고 더불어 창의적인 삶이 내 주위를 따르도록 생각의 전환이 필요할 뿐이다.

사라지는 아름다움

이 세상에 존재하는 모든 생명체들은 영원하지 않는 삶을 산다. 인간도 유한한 삶을 살다 간다. 불로장생을 꿈꾸던 진시황도 결국 불로초를 구하지 못한 채 어둠 속으로 사라졌고, 예수와 부처도 한 시대를 살다 갔다. 육신은 사라지지만, 영혼은 사라지지 않는 것일까?

죽음은 사라짐이다. 사람들은 그 사라짐에 슬픔을 느낀다. 생명이 없는 바람, 구름 같은 자연 또한 존재했다가 사라진다. 사라짐은 대체로 쓸쓸하고 아쉽고 슬픈 느낌을 주지만, 이와는 다르게 '사라짐의 아름다움'이라는 관점으로 마이너스의 미학을 얘기하고자 한다.

만약 사라짐이 없다면 어떻게 될까?

비가 오고 눈이 와도 사라지지 않는다면? 인간의 삶이 유한하지 않고 무한하다면? 아무리 뛰어도 땀으로 수분이 증발하지 않는다면?

도시의 하늘을 뒤덮은 미세먼지가 사라지지 않는다면?

한 번 보고 들은 것을 잊어버리지 않아서 기억 속에서 영원히 사라지지 않는다면? 태양이 눈 앞에서 사라지지 않고 한낮이 계속된다면?

캄캄한 한 밤이 계속된다면?

인류가 배출해내는 수많은 음식 쓰레기들이 미생물에 의해 분해되지 않아 사라지지 않는다면?

무언가가 사라지지 않으면 참 불편한 일들이 생길 것이다. 장맛비가 내려 사라지지 않고(흘러서 바다로 가지 않고) 도시에 머문다면 순식간에 도시는 물속에 잠길 것이며, 온 세상이 하얗게 눈으로 뒤덮여서 녹지 않고 그대로 남아 있다면, 형체를 구분할 수 없을 것이다. 인간의 삶이 무한하여 영원한 삶을 산다면 생명 존중의 의식이 사라질 것이고, 몸은 뛰고 있는데, 몸 속 수분이 증발하지 않는다면 체온 조절이 안 되어 숨이 멎을 것이다. 미세먼지가 바람에 사라지지 않는다면 우리의 생명은 급속도로 단축될 것이고, 한 번 본 것을 잊어버리지 않으면 뇌는 과부하가 걸려 눈을 감고 지내야 할 것이며, 태양이 잠시 사라지지 않는다면 자연의 식물들뿐만 아니라 모든 생명체는 지쳐 쓰러질 것이다. 어둠이 사라지지 않는다면 두더지처럼 시각이 퇴화될지 모르며, 음식 쓰레기들이 사라지지 않는다면 인류는 세균과 병균에 뒤덮여 전염병과 싸워야 할 것이다.

사라지는 것은 아름다움이다. 꽃이 아름다운 이유는 시듦이 있기 때문이다. 시듦이 있기에 사람들은 꽃이 피는 한때를 놓치지 않고 보려고 한다. 만약 꽃이 시들지 않고 일 년 내내 피어 있다면 지금처럼 꽃이 아름답다고 생각할 수 있을까?

사라질 수 있기에 존재할 수 있고, 존재하기에 사라지는 아름다움을 볼 수 있다. 사라지기에 추억이 남고, 사라지기에 아쉬움의 여

운이 생긴다. 사라지기에 희망을 품을 수 있고, 사라지기에 채울 수 있는 무언가를 그리게 된다. 사라지기에 보이지 않는 것들의 소중함을 알게 되고, 사라지기에 상상의 자유로움을 누릴 수 있다.

마이너스 명언

▶ 약속을 지키는 최선의 방법은 약속을 하지 않는 것이다.

- 나폴레옹

▶ 죽음의 운명이 다가올 때 우리에게 주어지는 질문은 "얼마나 많이 받았는가?"가 아니라 "얼마나 많이 주었는가?"이다.

-스위팅

▶ 인생에서 가장 단순한 것이 가장 위대한 결과를 낳는다.

- B. E. 로빈슨

▶ Spem pretio emere; 불확실한 것을 쫓아 확실한 것을 버리다

- 라틴어 격언

▶ 세상이 내게 준 것보다 세상에 더 많은 것을 되돌려 주는 것이 성공이다.

- 헨리 포드

▶ 인간은 어리석게도 자기 손에 있는 것은 정당한 평가를 하지 못한다. 그러나 일단 그것을 잃게 되면 그제야 값을 매기려 한다

- 셰익스피어

▶ 우리들이 살아가는 데 가장 필요한 힘은 기억하는 힘이 아니라 망각하는 힘이다.

- 솔렘 에쉬

▶ 삶에 대한 절망 없다면 삶에 대한 희망도 없다.

-알베르 카뮈

▶ 만족은 연료를 더 넣는 데 있지 않고 **빼**는 데 있다. 만족은 재산을 늘리는 데 있지 않고 욕망을 줄이는 데 있다

- T. 플러

▶ 개똥벌레는 반짝이기 위해 먼저 어둠을 필요로 하는 법이다.

- 작자 미상

▶ 다시는 돌아오지 않는 것, 그것이 삶을 달콤하게 한다.

- 에밀리 디킨슨

▶ 클라이맥스란 오르는 것이 아니라 머무르는 것이다

- 리리코스 마린 크리스탈 블루밍 앰플 광고 카피

리리코스 마린 크리스탈 블루밍 앰플 cf장면

* 자신의 세계관을 버리기 전까지는 세상을 똑바로 볼 수 없다.

- 세스고딘

* 완성이란 더 이상 덧붙일 것이 없을 때가 아니라, 더는 **뺄** 게 없을 때이다.

- 생택쥐페리 〈인간의 대지〉

* 나는 우리가 해낸 일들 만큼이나 하지 않은 일들이 자랑스럽다.

- 스티브 잡스

* 해가 없어야(져야) 별을 볼 수 있다.

- 헤라클레이토스

원에서 원을 빼면 무엇이 될까?

두 원의 크기가 같다면 아무것도 남지 않겠지만, 큰 원에서 작은 원을 빼내면 역사상 가장 창의적 산물 중 하나인 도넛이 된다. 그래서 이름도 다른 빵들처럼 OO빵이 아니라 '도넛'이다.

이 책은 도넛 탄생의 유래를 시작으로 그 원리를 다각도로 응용, 확장하여 창의성에 도달할 수 있는 개념으로 Re-design하여 제시하고 있다. 나심 니콜라스 탈레브의 역작 『안티 프래질Antifragile』을 보면 '제거적 지식Subtractive Knowledge'(옳은 것이 아니라 틀린 것에서 더 많은 것을 알 수 있다는 의미), '비아 네가티바Via negativa'(행동 측면에서 피해야 할 것 또는 하지 말아야 할 것에 대한 처방, 즉 추가가 아닌 제거에 초점을 맞춘 개념)라는 용어가 자주 등장한다.

세상은 있는 그대로의 실체적 본질이 아닌 관념적 프레임에 의해서 재단되거나 과대하게 부풀리기도 하고 편향된 시각으로 재해석되기도 한다. 없는 것을 인위적으로 꾸미는 가식加飾은 가짜를 만들어내고, 인공적인 맛을 만드는 가미加味는 사람의 입맛을 돋우지만 생리生理적 부작용을 낳고, 눈을 즐겁게 하는 가시加示는 몸과 마음을 병들게 한다.

현대는 부족보다 과잉에서 비롯되는 폐해가 큰 시대이다.

우주는 캄캄하고 아무것도 없이 텅 빈 공간인 카오스에서 질서가 생기고 빛이 들면서 창조되었다. 그런데 이 창조 과정에서 본질을 가리는 잡음과 먼지 또한 생겨났다.

창조를 하기 위해서는 어떻게 해야 할까? 그것은 우주 탄생의 원리에 힌트가 있다. 카오스에서 창조가 시작되었듯이 의욕적으로 새롭게 무언가를 빨리 만들고자 하기 이전에 우선 우리의 생각과 영감을 방해하고 오도하는 그릇된 장벽들을 먼저 거둬내야 한다. 안개가 자욱한 길에서는 최첨단 자동차도 무용지물인 것처럼 깔끔히 정리하고 비워내고 거두어 내어 카오스적 상태를 되찾아야 한다.

김밥의 메인은 김일까? 밥일까? 단무지일까? 소시지일까?

비빔밥의 메인은 밥일까? 계란 프라이일까? 고추장일까? 콩나물일까?

김밥과 비빔밥의 공통점은 어느 하나의 재료로써는 홀로 설 수 없다는 데 있다. 한데 어우러졌을 때 완성이 된다는 것이다. 그렇다고 개별 재료가 의미 없는 것은 아니다. 단무지 없는 김밥, 고추장 없는 비빔밥은 뭔가 허전한 것처럼….

있을 땐 존재의 의미를 잘 모르지만 없을 땐 존재의 의미가 드러난다. 인생의 의미를 찾기 위한 방법 중 하나는 뭔가를 빼보는 것이다.

천재 예술가 미켈란젤로(1475~1564)는 골리앗을 물리친 영웅 다윗을 3년에 걸쳐 위대한 예술 조각상으로 만들기 전, 재료로 쓰일 커다란 대리석을 보고 말했다.

"(내가 만들고자 하는) 조각상은 이미 이 대리석 안에 있어. 나는 단지 불필요한 것들을 덜어낼 뿐이지."

역시 천재는 사고방식도 남달랐다. 일반적으로는 조각품(Sculpture)이란 '필요한 것'을 만든다고 생각하지 '불필요한 것'을 덜어낸다고 생각하지 않는다. 미켈란젤로의 말대로라면 다윗상은 창조가 아닌 '발견'에 가깝다. 발견을 잘 하려면 이미 존재하는 작품을 진가를 잘 알아보고 찾을 수 있도록 주변의 장벽들을 제거해야 한다.

우물 안 개구리란 말이 있다. 그런데 실제로는 대부분의 개구리들은 우물 밖에 있다. 아주 극소수 개구리만 어쩌다가 우물 안에 빠진다. 개구리는 처음부터 우물 안에 있던 게 아니다. 살면서 우물에 빠지는 거다. 우물에 빠진 개구리가 되지 않기 위해서는 두껍게 쌓인 허물들을 벗어야 한다. 그것들은 오랜 관습, 당연하다고 생각해온 믿음, 자유로운 상상을 방해하는 세상이 수없이 만들어내는 프레임이다. 나이가 들수록, 한 분야의 오랜 전문가일수록 우물에 빠지기 쉽다. 지식은 오랜 시간에 걸쳐 반복되는 과정에서 축적되어 견고해지고 높이 탑처럼 쌓이지만 그럴수록 이면의 어두운 그림자 또한 짙어 간다. 그 안에 지혜의 빛이 스미긴 어렵다. 지혜가 깃들게 하려면 내용물을 투명하게 비워야 한다. 그래야 새로운 생각과 아이디어가 봄바람처럼 스밀 수 있다.

사람은 커갈수록 어릴 때 가졌던 호기심과 상상력을 잃어간다. 피카소는 자신이 어린 시절의 순수했던 마음으로 회복하기까지 40년이 걸렸다고 말했다.

내려올 때 보았네.
올라갈 때 보지 못했던 그 꽃

-고은 -

길을 올라갈 때(=어린 시절)는 상상력이라는 개념과 범주에 대한 인지 자체가 없다. 단지 세상 모든 것이 궁금할 뿐이다. 왜냐하면 머릿속이 하얗게 비어 있기 때물이다. 그런데 다 크고 보니까 세상 물정과 이치에 너무도 밝아진 상태에서 뭔가를 새롭게 창의적으로 생각하려니 꽉 막힌 머리로는 도무지 한 치 앞을 내딛을 수가 없다.

그동안 반복적으로 해왔던 자신의 전문 분야에 대한 것은 수월하게 할 수 있지만 세상은 끊임없이 물갈이를 요구한다. '4차 산업혁명의 시대' '인공지능이 대체하는 미래의 직업들'과 같은 말을 들을 때마다 안정적이라고 생각해왔던 자신의 입지가 불안해진다. 그래서 생존하기 위해서 '변화'해야 한다는 신념을 받아들이고 이리저리 쫓아다니며 강의도 듣고, 새로운 일자리도 알아본다. 하지만 결국엔 가진 것을 잃지 않으려고 '안정'을 더욱 추구하며 제자리를 맴돌게 될 뿐이다. 그러다 운이 좋으면 그동안 해왔던 뭔가를 덧붙이려는 '포장', '치장', '가식'의 덧없음을 깨닫고 자신의 내면에 이미 가지고 있던 잠재력을 '발견'하며 제대로 된 삶을 살게 된다. 이 때 올라갈 때 보지 못했던 그 꽃을 보는 것이다.

일본의 경영 석학 오마에 겐이치는 인생을 바꾸는 3가지가 있는데, 그것은 공간의 정리, 시간의 정리, 인맥의 정리라고 했다. 이 세 가지의 공통점은 뭔가를 새롭게 만드는 게 아니고 기존에 이미 존재하는 것을 '정리'하는 것이다. 내가 쓰는 공간을 잘 정리하면 일의 능률이 오르고, 해야 할 일과 하지 않을 일을 구분하여 시간을 낭비하지 않고, 불필요한 전화번호 목록을 정리하여 에너지를 쓸데없이 소모하지 않을 수 있다고 피력한다. 우리는 전기를 사용하지 않고는 살아갈 수 없다. 전기는 전류의 흐름으로 발생하는데 전류가 발생하려면 (−)극에서 (+)극으로 전자가 이동해야 한다. 전자가 이동하려면 '공간'이 있어야 한다. 만물은 물질을 이루고 있는 기본입자인 원자로 구성되어 있는데, 원자는 양성자와 중성자로 구성된 중심의 핵과 그 주변을 아주 낮은 밀도의 구름층에 흩어져 있는 자유 전자로 형성되어 있다. 사람 눈에는 보이지 않을 만큼 작은 원자의 지름을 200미터까지 크게 확대한다면 고작 지름 2mm밖에 되지 않는 핵이 중심에 있고, 그 주변을 전자가 자유롭게 부유한다고 볼 수 있다. 전류가 흘러 유의미한 일을 하려면 (=에너지를 발생) 전자가 이동해야 하고 전자는 이 '빈 공간'을 넘나든다. '틈'과 '여백'의 빈 공간이 창조를 위한 조건이 되는 셈이다.

삶도 마찬가지다. 틈과 여백이 있어야 지혜가 담길 수 있다. 빌딩들로 **빽빽하게** 채워진 도심에선 왠지 숨이 가빠지고 여유가 없다. 마음을 둘 여백이 없기 때문이다. 그래서 미로처럼 얽히고 콘크리트처럼 꽉 메워진 마음에 구멍 하나 뚫고 거기에 잃어버렸던 여유로움을 심어 놓기 위해서 여행을 떠난다. 삶의 지혜는 '균형'에서 온다. 'Ne quid nimis(네 퀴드 니미스)', '무슨 일이든 지나치지 않게'라는 뜻의 라틴어로 동양의 '중용'과 비슷한 개념이다. 지금처럼 'Abundance(풍요)'의 시대에 필요한 건 'Enough(충분)'으로 돌아가기 위해서 제거하고, 덜어내고, 비워내고, 정리하는 삶이다.

태양은 우리에게 뜨거운 열정이 담긴 빛을 주지만 쉬면서 마음을 가라앉히도록 그림자 또한 주었다는 것을 기억하자.

4차산업 시대의 생존코드

빼기의 법칙

지은이 오정욱

발행일 2017년 6월 12일

펴낸이 양근모

발행처 도서출판 청년정신 ◆ **등록** 1997년 12월 26일 제 10—1531호

주 소 경기도 파주시 문발로 115 세종출판벤처타운 408호

전 화 031)955—4923 ◆ **팩스** 031)955—4928

이메일 pricker@empas.com

한국출판문화산업진흥원의 출판콘텐츠 창작자금을 지원받아 제작되었습니다.